Como fazer amigos e influenciar pessoas na **era digital**

Como fazer amigos e influenciar pessoas na **era digital**

Dale Carnegie

e Associados

SEXTANTE

Título original: *How to Win Friends and Influence People in the Digital Age*

tradução: Paulo Geiger
copidesque: Ângelo Lessa
revisão: Flávia Midori e Tereza da Rocha
projeto gráfico e diagramação: DTPhoenix Editorial
capa: DuatDesign
impressão e acabamento: Cromosete Gráfica e Editora Ltda.

CIP-BRASIL. CATALOGAÇÃO NA PUBLICAÇÃO
SINDICATO NACIONAL DOS EDITORES DE LIVROS, RJ

C286c Carnegie, Dale, 1888-1955
Como fazer amigos e influenciar pessoas na era digital / Dale Carnegie e Associados; tradução de Paulo Geiger. Rio de Janeiro: Sextante, 2020.
224 p.; 16 x 23 cm.

Tradução de: How to win friends and influence people in the digital age
ISBN 978-85-431-0948-0

1. Motivação (Psicologia). 2. Influência (Psicologia). 3. Mídia digital. 4. Relações humanas. I. Geiger, Paulo. II. Título.

CDD: 158.2
19-62080 CDU: 159.922.27

Rua Voluntários da Pátria, 45 – Gr. 1.404 – Botafogo
22270-000 – Rio de Janeiro – RJ
Tel.: (21) 2538-4100 – Fax: (21) 2286-9244
E-mail: atendimento@sextante.com.br
www.sextante.com.br

Sumário

Parte quatro

Como conduzir a mudança sem gerar resistência ou ressentimento

Por que os conselhos de Carnegie ainda são fundamentais

Em 1936, Dale Carnegie fez uma declaração persuasiva a seus leitores: "O trato social é, provavelmente, o maior problema que as pessoas enfrentam no dia a dia." Esse é o alicerce de *Como fazer amigos e influenciar pessoas*, e ainda é válido hoje em dia. No entanto, desenvolver estratégias para lidar com pessoas é uma tarefa mais complexa.

Agora as mensagens são enviadas e lidas instantaneamente. Os meios de comunicação se multiplicaram. As redes se expandiram para além de fronteiras, setores e ideologias. Porém, em vez de tornarem obsoletos os conselhos deste livro, essas grandes mudanças tornaram os princípios de Carnegie mais relevantes do que nunca. Hoje eles são o alicerce de toda e qualquer estratégia consistente, quer você esteja fazendo o marketing de uma marca, pedindo desculpas a seu marido ou esposa ou tentando conquistar investidores. E se você não começar com o alicerce correto, terá grande chance de transmitir a mensagem errada, ofender alguém ou não chegar nem perto de atingir seu objetivo.

Segundo o escritor americano James Thurber, "a precisão na comunicação é importante, mais importante do que nunca, numa era em que o equilíbrio está sempre por um fio, em que uma palavra mal usada ou mal compreendida pode criar um desastre tão grande quanto uma ação súbita e impensada".[1]

Reflita sobre essa era do equilíbrio por um fio em que vivemos, mais de 50 anos depois de Thurber escrever essa frase. Há muito mais em jogo. Atualmente a mídia é tão confusa que fica difícil distinguir as coisas. Cada palavra, gesto ou olhar silencioso é investigado como nunca. Um movimento em falso pode ter consequências muito graves.

Ao mesmo tempo, toda interação, desde seu primeiro bom-dia até seu último boa-noite, é uma oportunidade de fazer amigos e influenciar pessoas de um modo positivo. Os que fazem isso são muito bem-sucedidos. Mas esse tipo de sucesso tem um preço que nem todos estão dispostos a pagar. Não é tão simples quanto entender tudo o que acontece nas redes sociais e como elas funcionam.

"A arte da comunicação é a linguagem da liderança", disse James Humes, ex-redator de discursos da Presidência.[2] Em outras palavras, as habilidades que levam uma pessoa a influenciar outras têm tanto a ver com o mensageiro – que de certo modo é um líder – quanto com o meio. Este livro vai lhe mostrar como e por que isso é verdade, assim como já mostrou para mais de 50 milhões de leitores ao redor do globo, incluindo líderes mundiais, pessoas influentes dos meios de comunicação, ícones do mundo dos negócios e autores best-sellers. O que todos acabam compreendendo é que não existe troca neutra. Ao interagir com outra pessoa, você deixa a vida dela um pouco melhor ou um pouco pior.[3] Alguns de nós deixam a vida dos outros um pouco mais agradável a cada aceno, a cada entonação de voz, a cada interação.

Se apenas essa ideia for incorporada ao seu dia a dia, os resultados já serão significativos. Seus relacionamentos vão melhorar e sua influência vai aumentar. Isso acontece porque o exercício diário estimula a compaixão e o caráter. Somos todos movidos pelo altruísmo, certo?

"É possível fazer mais amigos em dois meses, demonstrando interesse por eles, do que em dois anos, tentando fazer os outros se interessarem por você." Essa afirmação de Carnegie ainda é válida, embora pareça contraintuitiva, porque nos lembra de que o segredo para melhorar os relacionamentos é demonstrar altruísmo, algo que foi arrastado pela onda da era digital.

Vivemos um momento inédito de autoajuda e autopromoção. No YouTube, inúmeros vídeos viralizam em poucas semanas e recebem uma atenção global que antes as pessoas tinham que dar duro durante anos, talvez décadas, para obter. Vídeos de sexo supostamente vazados criam celebridades da noite para o dia. Falastrões nos encaram do outro lado da tela e tagarelam sem parar, enquanto comentaristas políticos aniquilam seus adversários e aumentam a própria visibilidade. Diariamente somos tentados a acreditar que a melhor estratégia de publicidade é misturar truques e paródias e veicular o resultado no meio que tem mais poder de viralizar. Para muitos, a tentação é forte demais. Mas, para quem compreende o básico das relações humanas, existe um *modus operandi* muito melhor, mais honrado e mais sustentável.

Embora a autoajuda e a autopromoção não sejam objetivos inerentemente ruins, quando reprimimos nosso fluxo de autorrealização sempre surgem problemas. Você é um em 7 bilhões - seu progresso não visa somente a você.

Quanto antes você permitir que essa verdade molde suas decisões comunicativas, tanto antes você verá que o caminho mais rápido para o crescimento pessoal ou profissional não é se promover diante dos outros, mas compartilhar a si mesmo com eles. E nenhum autor apresentou esse caminho tão claramente quanto Dale Carnegie. Mesmo assim, talvez nem ele próprio tenha imaginado que o caminho para uma relação significativa se tornaria, hoje, uma autoestrada de influência duradoura e lucrativa.

Mais do que uma comunicação inteligente

Embora o alto número de interações sociais tenha tornado as habilidades das pessoas eficientes mais vantajosas do que nunca, as pessoas influentes precisam ser mais do que comunicadores perspicazes.

A comunicação é apenas a manifestação de nossos pensamentos, nossas intenções e nossas conclusões sobre quem está à nossa volta. "É no transbordamento do coração que a boca fala."[4] Na atualidade, esses motores internos são a principal diferença entre o verdadeiro líder e o sanguessuga.

Os dois níveis mais altos de influência são alcançados (1) quando as pessoas seguem você pelo que você fez por elas e (2) quando as pessoas seguem você por quem você é. Em outras palavras, a maior influência é alcançada quando a generosidade e a integridade determinam seu comportamento. Esse é o preço de um impacto grande e sustentável - não importa que esse impacto envolva dois indivíduos ou dois milhões de pessoas. Os benefícios só são mútuos quando a generosidade e a confiança são comunicadas com engenhosidade e autenticidade.

Como vivemos numa época em que a influência de celebridades pode ser "emprestada" e na qual é possível ser o centro das atenções da mídia apenas reclamando de tudo e de todos, é ainda mais crucial que toda oportunidade de comunicação seja bem utilizada. Ou seja, cada meio de comunicação deve ser preenchido com mensagens que construam confiança, evoquem gratidão e agreguem valor a quem as recebe. A única coisa que não mudou desde a época de Carnegie é que, nesse ponto, existe uma distinção clara entre a influência que é emprestada (e difícil de manter) e a influência conquistada (e sólida). Carnegie foi o mestre da influência conquistada.

Veja alguns de seus princípios fundamentais: não critique, não condene, não reclame; fale sobre o que interessa aos outros; se estiver errado, admita; evite constranger o outro. Esses princípios não fazem de você uma pessoa boa de papo nem um grande contador de histórias, mas o lembram de levar em conta as necessidades do outro antes de falar. Eles o incentivam a abordar assuntos difíceis com honestidade e amabilidade. Eles o instigam a ser um gestor, um cônjuge, um colega, um vendedor ou um pai ou uma mãe mais gentil e humilde. Em última análise, eles o desafiam a influenciar os outros não por meio de encenação ou manipulação, mas utilizando o hábito genuíno de expressar mais respeito, empatia e amabilidade.

Sua recompensa? Amizades enriquecedoras e duradouras. Negociações confiáveis. Liderança convincente. E, em meio à atual enxurrada de comportamentos egocêntricos, você terá uma marca registrada inconfundível.

Como fazer amigos e influenciar pessoas é considerado o livro de autoajuda mais vendido de todos os tempos. Do ponto de vista atual, "autoajuda" é um termo inapropriado neste caso. Carnegie nem sequer usava essa palavra. Na verdade, esse foi o "apelido" atribuído ao gênero criado pelo sucesso estrondoso de *Como fazer amigos e influenciar pessoas*. A ironia é que Carnegie não endossaria todos os conselhos atuais de autoajuda. Ele defendia toda ação que partisse de um interesse genuíno pelo outro. Ensinou princípios que se originavam no prazer implícito de ajudar os outros a serem bem-sucedidos. Se fosse reclassificado, *Como fazer amigos e influenciar pessoas* deveria ser considerado o livro de ajuda à alma mais vendido de todos os tempos, pois resume perfeitamente a Regra de Ouro tão bem enunciada por Carnegie.

Os princípios abordados neste livro são mais do que técnicas de autoajuda ou autopromoção. São estratégias poderosas para uma mudança duradoura e produtiva em suas conversas, seus trabalhos em equipe ou em sua empresa.

Ao aplicar esses princípios, você não só se tornará uma pessoa mais convincente e influente na vida dos outros como cumprirá um propósito generoso a cada dia. Imagine esses efeitos multiplicados por dezenas de interações diárias, algo que a era digital lhe permite fazer. Imagine o efeito disso se dezenas de pessoas de uma organização seguirem o exemplo. Fazer amigos e influenciar pessoas, hoje em dia, não é pouca coisa. Em meio às inúmeras oportunidades de comunicação, essa é sua melhor chance de fazer um progresso sustentável no relacionamento com os outros. E qual é o sucesso que não começa com relacionamentos?

Um começo suave

O mundo empresarial costuma desdenhar das *soft skills* (como foram chamados os princípios de Carnegie), as "habilidades interpessoais", considerando-as, na melhor das hipóteses, algo meramente complementar às *hard skills*, que são conhecimentos específicos ou habilidades técnicas. Esse ponto de vista é um retrocesso. É necessário mudar paradigmas para mudar as interações.

Soft skills (como compaixão e empatia) levam *hard skills* (como habilidades em programação, operações e projetos) a uma rara eficácia. Como? As *soft skills* conectam as *hard skills* à produtividade operacional, à sinergia organizacional e à relevância comercial porque tudo isso requer um sólido comprometimento humano. Será que um gestor com altas habilidades técnicas, que passa o dia sentado dando ordens prevalece sobre um gestor com os mesmos conhecimentos mas que caminha em meio a seus funcionários, é conhecido, visto e respeitado por todos? Embora o primeiro até consiga obter certo sucesso coagindo seus subordinados durante um tempo, sua influência é gravemente prejudicada, porque o poder que ele exerce não é outorgado pelos funcionários. Sua influência é apenas uma fachada com vida curta.

Em seu livro *Derailed* (Fora dos trilhos), o psicólogo corporativo Tim Irwin relata a derrocada de seis CEOs ao longo da última década. Cada uma dessas derrocadas foi desencadeada pela incapacidade do executivo de se conectar com os funcionários num nível tangível e significativo. Em outras palavras, cada um desses descarrilamentos foi resultado de um excesso de *hard skills* associado a um déficit de *soft skills* – muito conhecimento técnico e específico e pouca capacidade de convencimento e liderança. E esses fracassos não são muito diferentes dos nossos. Os deles foram públicos, mas os nossos às vezes são tão palpáveis quanto.

Perdemos a confiança de amigos, familiares, etc. quando simplesmente repetimos os mesmos comportamentos que nos levaram ao sucesso num relacionamento anterior, sem sentir a essência dos relacionamentos.

Por que tantas pessoas bem-intencionadas cometem esse erro? Talvez a natureza sutil das *soft skills* dificulte o processo. Tendemos para aquilo que é mensurável.

As *hard skills* podem ser testadas, ensinadas e transferidas. A maior parte dos livros de negócios é escrita com base nessa ideia, porque podemos acompanhar detalhadamente o progresso das *hard skills* – tanto no nível do indivíduo quanto no da corporação – com tabelas, métricas e relatórios.

Não é o que acontece com as *soft skills*. É difícil reduzi-las a etapas. Muitas vezes, são confusas e só podem ser quantificáveis quando obtemos como resposta relacionamentos melhores. Mas será que essas não são as medidas mais eficazes? De que adianta ter uma lista de realizações se elas levam a um retrocesso nos relacionamentos? Qualquer progresso baseado na autopromoção e na autoindulgência está fadado a não durar.

Pensando em pequena escala, mantemos amizade com pessoas que só pensam em si mesmas? Quando descobrimos que o comportamento de uma pessoa tem motivações ocultas, ela passa a ter menos influência sobre nós do que alguém que acabamos de conhecer. O relacionamento está condenado, a menos que a outra parte reconheça o erro e mude a forma de agir. E, mesmo que isso aconteça, continuamos com a pulga atrás da orelha.

Pensando em larga escala, somos leais a marcas que demonstram falta de capacidade ou de vontade de atender a nossas necessidades e nossos desejos? Já se foram os dias em que as empresas diziam aos consumidores do que eles precisavam. Vivemos uma época em que os consumidores tomam a maior parte das decisões de design, fabricação e marketing. No passado, a sustentabilidade começou como uma pequena campanha publicitária para um punhado de produtos, mas, com o tempo, a voz coletiva do público fez do ecologicamente correto um mantra obrigatório no marketing.

Indivíduos e empresas insensíveis ao sucesso das *soft skills* estão ficando para trás. Alguns afirmam que é impossível ensinar alguém a ter essas habilidades mais "sutis". Isso é verdade quando se abordam as *soft skills* com a metodologia das *hard skills*. Mas Carnegie não cometeu esse erro. Ele descobriu que instintos altruístas vêm à tona não como resultado de uma estratégia astuta, de um passo a passo, mas da realização de desejos essenciais. Quando nos comportamos de modo a fazer amigos e influenciar os outros positivamente, mergulhamos num poço repleto de inspiração, significado e versatilidade.

Todos temos o desejo de uma comunicação honesta – tanto de compreender quanto de ser compreendidos. Também desejamos formar conexões autênticas – ser conhecidos, aceitos e valorizados. E desejamos formar parcerias bem-sucedidas – trabalhar em conjunto por uma conquista significativa, seja ela um sucesso comercial, uma vitória corporativa ou a longevidade numa relação. A essência do sucesso se situa num espectro entre uma conexão humana autêntica (fazer amigos) e um impacto significativo e progressivo (influenciar pessoas). "Não há esperança de alegria, a não ser nas relações humanas", concluiu o aviador e escritor francês Antoine de Saint-Exupéry.[5]

Como é possível acessar essas nobres habilidades que impulsionam uma comunicação eficaz, uma conexão significativa e uma colaboração progressiva?

Primeiro, devemos lembrar que o sucesso nos relacionamentos não é medido na mesma balança quantitativa que regula as redes sociais – quantos amigos, fãs ou seguidores é possível acumular. É medido na balança do propósito. Se suas interações tiverem propósito, o caminho para o sucesso em qualquer situação será mais simples e sustentável. O motivo? As pessoas notam. As pessoas lembram. As pessoas se comovem quando sentem que a vida delas está um pouco melhor depois de se relacionar com alguém.

O propósito do que você vai dizer determina a eficácia do meio de comunicação. Quando tiver algo significativo a oferecer, poderá escolher o meio mais eficaz para isso. Por outro lado, quando coloca o meio de comunicação antes do propósito, corre o perigo de sua mensagem se tornar, nas palavras de Macbeth, de Shakespeare, "uma história, contada por um idiota, cheia de som e de fúria, mas completamente desprovida de propósito".[6] Embora sejam muito convenientes para manter amigos, famílias e colegas atualizados, tuítes, postagens e atualizações de status criaram o surto de som e fúria citado por Macbeth. Essas mensagens e postagens correm o risco de não significar nada. Afinal, qualquer meio que conduza uma mensagem carente de propósito ficará aquém de sua função, seja um anúncio na TV, um memorando de departamento, o e-mail de um cliente ou um cartão de aniversário.

Com tão poucos meios de comunicação disponíveis em sua época, Carnegie não precisou se referir meticulosamente aos dois termos dessa equação. Ele buscava ser significativo pessoalmente, ao telefone e por meio de cartas. Hoje, devemos considerar tanto o propósito quanto o meio de comunicação que usamos para transmitir nossas mensagens.

Um conselho simples e direto para ter sucesso com pessoas

"Simples verdades são um alívio para grandes especulações", escreveu o ensaísta francês Vauvenargues.[7] O motivo pelo qual *Como fazer amigos e influenciar pessoas* continua sendo um best-seller até hoje, com mais de 16 milhões de exemplares vendidos em todo o mundo, é que seus princípios são simples, porém atemporais. Sua sabedoria implícita é direta, porém transcendental. Desde o início do primeiro curso de Carnegie sobre o assunto, em 1912, suas verdades simples apontaram os caminhos mais eficazes para quem deseja se tornar uma referência, uma pessoa procurada por outras que queiram sua opinião, seus conselhos e sua liderança.

Portanto, não queremos reescrever o livro de Dale Carnegie para suplantar os conselhos que ele deu. O que você lerá nas páginas a seguir pretende enquadrar os conselhos de Carnegie numa era completamente diferente. São os mesmos princípios atemporais contidos em *Como fazer amigos e influenciar pessoas* vistos através de lentes modernas e aplicados com uma mentalidade digital, global. As oportunidades de fazer amigos e influenciar pessoas hoje em dia são exponencialmente maiores do que eram na época de Dale Carnegie. Mas, quando você analisa as oportunidades em números, eles pouco significam, porque "o universo inteiro, com uma insignificante exceção, [ainda] é formado pelos outros".[8]

É verdade que "existe uma estranha inconsistência entre a ousadia do título e muito do que realmente está escrito no livro", escreve Tom Butler-Bowdon, autor de *50 clássicos de autoajuda*, sobre *Como fazer amigos e influenciar pessoas*.[9] Se você olhar para o título através das lentes céticas de hoje, talvez não enxergue sua magia. O livro é, acima de tudo, um tratado sobre como aplicar uma incomparável combinação de empatia autêntica, conexão estratégica e liderança generosa.

É importante lembrar que, na época de Carnegie, ainda não existiam as inúmeras redes sociais da atualidade. Hoje qualquer um pode criar uma autoimagem atraente, mas falsa (blogs, Facebook, LinkedIn, Twitter), e é possível utilizar truques de persuasão (pop-ups com anúncios, celebridades endossando produtos, líderes religiosos propagando sua fé pela TV). A ideia de fazer amigos não tinha sido reduzida a um clique em "aceitar" ou "confirmar". A ideia de influenciar pessoas não incluía toda a bagagem de meio século de campanhas publicitárias extravagantes, enganações corporativas e celebridades que vivem uma vida dupla. Carnegie teve um motivo intuitivo para escolher o título de seu livro.

Naquela época, se você não nutria uma amizade com um indivíduo, era quase impossível influenciá-lo. Não existiam redes sociais. Não existiam conexões digitais. Na verdade, raramente se faziam negócios entre pessoas que não se conheciam pessoalmente. Um indivíduo médio tinha apenas três maneiras de se conectar com outro: cara a cara, por carta ou por telefone. Cara a cara era a regra. Hoje é a exceção.

Embora na época de Carnegie existisse uma influência indireta que era transmitida via celebridade ou status social, ela não era instantânea nem viral como hoje. No passado, a amizade era a ponte para o fluir das coisas no dia a dia. Você fazia amigos com um firme aperto de mãos, um sorriso simpático e ações altruístas. E merecia a influência que resultava dessas ações. Hoje em dia, causa e efeito não são tão interligados.

Considere a edição de 2010 da revista *Time* com "As 100 pessoas mais influentes no mundo". Com mais de 6 milhões de seguidores no Twitter na época, Lady Gaga entrou na lista.[10] Não é preciso discutir se ela tem influência sobre sua enorme base de fãs, que, de lá para cá, aumentou exponencialmente. Se ela divulga uma marca de calçados ou certa garrafa de água, o produto vende. A verdadeira discussão é sobre o valor que ela atribui a seus relacionamentos e para que serve sua influência. Se ela visa aos mais altos padrões em ambos os casos, então podemos considerar sua influência uma força importante. No entanto, se sua intenção é apenas acumular cada vez mais seguidores, ganhará dinheiro, mas não causará um impacto significativo.

O valor da influência não mudou no que diz respeito aos relacionamentos; ainda é a moeda para o progresso interpessoal. Mas a infinidade de meios de comunicação de hoje nos possibilita adquirir versões baratas dela, como esses produtos de lojas de 1,99. E você recebe aquilo por que paga.

Apesar de vivermos numa época em que "estardalhaço mais nudez é igual a celebridade", este não é um livro sobre como solicitar amizades e explorar influência, um caminho que, segundo Carnegie, se baseia em conversas "da boca para fora".[11] Este é um manual de relações humanas "do coração para fora". Ensina a fazer amigos da maneira como seu bom avô conquistou o sensato coração de sua avó – demonstrando um interesse sincero, com uma empatia real e elogios honestos. Ensina a ter uma influência duradoura que gera progresso e benefícios para ambas as partes.

Existe um modo correto e eficaz de fazer isso, e Carnegie o descreve com maestria. Mais de oitenta anos depois da publicação do seu livro, os princípios continuam verdadeiros, embora algumas definições tenham mudado e as ramificações se expandido. Este livro, portanto, buscará novas explicações e aplicações. Como entender e utilizar os princípios de Carnegie no mundo digital? Certas dicas podem se basear em listas que não existiam no tempo dele, como "As empresas mais admiradas do mundo", da revista *Forbes*; "Os CEOs de melhor desempenho no mundo", da

Harvard Business Review; "As 100 pessoas mais influentes do mundo", da já mencionada revista *Time*. Suas dicas - que às vezes são advertências - serviram apenas como guias ocasionais para o contexto no qual se alcança o sucesso interpessoal atualmente. No espírito do livro de Carnegie, as páginas a seguir também servirão como um lembrete constante de que os motivos pelos quais agimos são mais importantes do que as ações em si.

Embora o caminho para aplicar os princípios de Carnegie hoje em dia não seja tão complicado quanto desconectar-se de tudo e voltar a se comunicar apenas por meio de telegramas, telefones e encontros pessoais, também não é tão banal quanto simplesmente injetar um pouco de humanidade em cada aspecto do nosso espaço virtual. Em geral, o melhor é fazer uma mistura criteriosa de toque pessoal com presença virtual.

O primeiro passo para isso é fazer uma avaliação honesta de sua situação atual. Depois disso, o caminho para progredir nos relacionamentos interpessoais ficará claro.

E qual é a proporção ideal entre interações pessoais e virtuais? Para a maioria das pessoas, mensagens instantâneas, e-mails, blogs, tuítes e posts no Facebook são as principais maneiras de se corresponder com os outros. Isso apresenta novos obstáculos e também novas oportunidades.

Ao se basear excessivamente na comunicação virtual, perdemos um aspecto crucial das interações humanas: as deixas não verbais. Quando damos más notícias, é difícil demonstrar compaixão e apoio sem pôr a mão no ombro do outro. Quando explicamos uma ideia nova, é difícil transmitir por telefone o mesmo nível de entusiasmo que você demonstraria diante de seu interlocutor. Quantas vezes você enviou um e-mail e o destinatário ligou para você para explicar uma situação que já estava explícita?

É difícil transmitir emoção sem dicas não verbais. O advento da comunicação por vídeo até derrubou algumas barreiras, mas o vídeo é apenas uma pequena parte da comunicação digital. Além disso, não satisfaz o alto padrão da dignidade humana tanto quanto um encontro presencial. É disso que trata o premiado filme *Amor sem escalas*.

Ryan Bingham (George Clooney) é um profissional que voa o país de ponta a ponta para demitir pessoas a serviço de empresas que não querem fazer isso por si mesmas. Bingham é muito competente nessa tarefa, que requer que ele dispense pessoas de modo digno, até mesmo inspirador.

Ele aperfeiçoou um discurso no qual incentiva cada pessoa a abraçar sua nova liberdade. Até se opõe a seu chefe, que, para reduzir despesas, lhe solicita que comece a demitir pessoas por videoconferência. O grande paradoxo, no entanto, é que Bingham é um homem solitário, sem um relacionamento autêntico em sua vida, nem mesmo com sua irmã mais nova, a cujo casamento talvez não compareça. O que poderia ser visto como uma estranha aptidão para criar empatia e se conectar com aqueles que está demitindo é, na verdade, a confirmação de um profundo desapego. Só quando uma experiência demonstra cruamente o significado de uma conexão humana real é que Bingham enfim enxerga a verdade. A partir de então, nem mesmo ele é capaz de seguir os próprios conselhos.

Vivemos num mundo compulsivo e virtual no qual o valor total da conexão humana muitas vezes é trocado pela capacidade de fazer negócios. Muitas pessoas dominaram a irônica arte de aumentar os pontos de contato ao mesmo tempo que perdem contato. O remédio não é nem a autopreservação (à la Ryan Bingham) nem estimular a conexão mediante um empolgante mas raso talento para vendas. O primeiro é um erro filosófico. O segundo é um erro estratégico.

Existe um limite para a produtividade atual que fica exatamente no ponto em que o progresso com pessoas é suplantado pelo progresso em si. Frequentemente, é a velocidade da comunicação que afeta nosso julgamento. Como acreditamos que os outros estão esperando respostas imediatas (como nós mesmos esperamos), muitas vezes não nos damos tempo para articular a melhor resposta; deixamos de lado as sutilezas da cortesia. Você pode pensar "Não existe a menor chance de eu aplicar esses princípios num comentário de post, tuíte ou blog, num e-mail, numa conferência virtual onde nem mesmo sei se serei ouvido". Mas é nessas interações que os princípios de Carnegie são mais valiosos. É nos momentos comuns do cotidiano que ações altruístas se destacam.

Esperamos cortesia num primeiro encontro e nos subsequentes, mas ficamos impactados quando essa mesma cortesia aparece em relatórios semanais ou quando pegamos o elevador com outra pessoa. Esperamos uma eloquência modesta numa campanha publicitária ou num discurso de casamento, mas nos sentimos inspirados quando ela aparece num e-mail, numa mensagem de texto ou numa questão trivial. A diferença, como dizem, está nos detalhes, os detalhes frequentemente sutis das interações cotidianas.

Por que esses detalhes ainda são importantes na era digital? Porque "o indivíduo que tem o conhecimento técnico *somado* às capacidades de exprimir ideias, assumir a liderança e despertar entusiasmo está destinado a ganhar bem mais". É impressionante como as palavras de Carnegie são muito mais relevantes hoje em dia.

PARTE UM

Os fundamentos do engajamento

1

Cuidado com os bumerangues invisíveis

Peça a Adolf Hitler e a Martin Luther King Jr. uma definição básica de influência e talvez você receba respostas parecidas. Observe nas biografias deles a aplicação da influência e você descobrirá que suas definições não poderiam ser mais contraditórias. A distinção nítida começa com as palavras que eles escolhem.

Compare as frases "Como os líderes têm sorte de os homens não pensarem" e "Não estou interessado no poder pelo poder em si, mas num poder que seja moral, que seja correto e que seja bom". A diferença é óbvia.[1] A primeira defende que a influência é a recompensa do cínico ardiloso, condescendente. A segunda defende que a influência é a recompensa de um confiável agente do bem comum. Diariamente, nossas palavras nos situam em algum lugar entre essas duas abordagens completamente opostas. A história mostra em detalhes os resultados em cada ponta desse espectro. Nós nos comunicamos para demolir ou construir pessoas.

Tendo isso em vista, Carnegie foi sucinto em seu conselho: não critique, não condene, não reclame. Como isso parece ser cada vez mais difícil! Dizer que precisamos ser mais cuidadosos com as palavras é um eufemismo. Junto a uma tela virtual na qual podemos dizer o que estamos pensando há uma tela de prestação de contas chamada "acesso público". "As comunicações virtuais nos possibilitaram alcançar mais pessoas de maneiras mais rápidas e baratas", declarou Guy Kawasaki, autor do best-seller *Encantamento: a arte de modificar corações, mentes e ações*, numa entrevista recente, "mas um perdedor ainda é um perdedor. O que você pode alegar é que a tecnologia possibilita acabar com uma reputação com mais rapidez e facilidade do que nunca."

De fato, essa é uma boa observação, e o exato contraponto atual da aplicação desse princípio.

O que no passado foi uma crítica velada hoje pode custar uma multa. Pergunte ao Dr. Patrick Michael Nesbitt, um ex-médico de família canadense que foi multado em 40 mil dólares por postar no Facebook comentários "cruéis" e difamatórios sobre a mãe de sua filha.[2] Ou a Ryan Babel, um atacante holandês que, após perder uma partida para o Manchester United jogando pelo Liverpool, tuitou um link para uma foto manipulada do árbitro da partida, Howard Webb, com o seguinte comentário: "E dizem que ele é um dos melhores árbitros. Que piada." Resultado: multa de 10 mil libras, cerca de 16 mil dólares.[3] Sobre o tuíte de Babel, o blogueiro da BBC Ben Dirs comentou: "Enquanto um ano atrás Babel talvez desabafasse com sua namorada, agora ele dispõe desse instrumento muito conveniente – e tentador – na ponta dos dedos, que lhe permite se expressar para o mundo."[4]

O que no passado era uma reclamação despreocupada entre amigos hoje pode causar demissão. Um estudo de 2009 realizado pela Proofpoint revelou que, das empresas com mais de mil funcionários nos Estados Unidos, 8% relataram ter despedido alguém por causa de seus comentários em sites como Facebook e LinkedIn.[5] Mais especificamente, uma edição on-line do *Huffington Post* lista 13 posts de Facebook que causaram a demissão de seus autores.[6] Incluídos na lista estão:

- Uma garçonete de pizzaria que postou sua reclamação carregada de críticas a dois clientes por ter recebido uma gorjeta pequena após ter servido a mesa durante três horas, o que a obrigou a ficar uma hora e meia além de seu turno. "Obrigado por comer no Brixx", ironizou ela, depois debochou dos clientes chamando-os de "pães-duros".[7]
- Um funcionário que recebia por jogo no estádio dos Philadelphia Eagles, que postou um comentário depreciativo no qual reclamava do time de futebol americano por ter permitido que um jogador da

equipe assinasse contrato com o Denver Broncos. "Dan está arrasado pra [palavrão] por Dawkins ter assinado com Denver... Eagles time de Retardado!"[8]

- Sete funcionários da Farm Boy, uma cadeia de mercearias canadense, que criaram um grupo no Facebook para ridicularizar e ofender clientes e funcionários.[9]

Às vezes alguém pode se perguntar por que a crítica se tornou mais comum do que a compaixão e por que o julgamento se tornou mais comum do que a condescendência nos meios de comunicação. Hoje em dia, todo mundo acha que é bacana fazer críticas ofensivas. Com tantas oportunidades de se fazer ouvir, muitos parecem interessados em fazer valer seu direito de falar quando outra pessoa está errada, mas rapidamente se permitem ficar calados quando são eles que erram. Muitos se acostumaram a brandir uma espada chamada "direitos fundamentais" em uma das mãos, e o escudo chamado "liberdade de expressão" na outra – esquecendo que fazer isso significa acreditar que as relações humanas são um campo de batalha. Atualmente, a cultura da crítica e da reclamação é a triste realidade em inúmeros setores.

Mas a pessoa influente compreende que essas indiscrições aceleram o colapso da relação, por mais que ela esteja certa e o outro esteja errado. Essas táticas são muito mais destrutivas do que construtivas porque dão a entender que existe um motivo unilateral implícito para os ataques. Com isso, a interação, antes tranquila, passa a ser tensa. Não surpreende que existam mais falastrões do que líderes de verdade. Geralmente as pessoas fazem isso com o desejo de aumentar a própria influência, mas muitas estão apenas defendendo o próprio ponto de vista. Isso não só abre um precedente ruim como aumenta a tensão e a lacuna entre uma mensagem e uma parceria significativa.

Por outro lado, quando surge um verdadeiro líder, não resta dúvida de que o efeito é inverso. Ao longo da história poucos comunicadores foram mais convincentes do que o presidente americano Abraham Lincoln. Ele era reconhecido como um homem que abordava situações tensas com serenidade e elegância. Sua reação a um grave erro tático num momento crucial da Guerra Civil é um episódio marcante.

A batalha de Gettysburg foi travada nos três primeiros dias de julho de 1863. Durante a noite de 4 de julho, o general Robert E. Lee começou a bater em retirada para o Sul enquanto tempestades inundavam a região. Quando Lee alcançou o rio Potomac com seu exército derrotado, encontrou um rio caudaloso, intransponível, e atrás dele estavam as tropas vitoriosas da União. Lee tinha sido encurralado. Não conseguiria escapar. Aquela era uma oportunidade de ouro, um presente divino – a oportunidade de capturar o exército de Lee e acabar com a guerra de uma vez por todas. Assim, esperançoso, Lincoln ordenou que o então general Meade atacasse Lee assim que possível, sem antes convocar um conselho de guerra. Enviou a ordem por telegrama e também mandou um mensageiro especial até Meade, exigindo ação imediata.

Meade convocou um conselho de guerra. Hesitou. Procrastinou. Enviou um telegrama dando todo tipo de desculpas para o presidente. Por fim, o volume das águas diminuiu e Lee conseguiu cruzar o Potomac com as tropas.

Lincoln ficou furioso.

"O que significa isso?", perguntou ao filho, gritando. "Meu Deus! O que significa isso? Eles estavam a nosso alcance; só precisávamos estender as mãos, e seriam nossos. No entanto, nada do que eu disse fez nosso exército se movimentar. Naquela situação, qualquer general poderia ter derrotado Lee. Se tivesse ido até lá, eu mesmo teria lhe dado uma surra."

Amargamente decepcionado, Lincoln, que costumava ser uma pessoa contida, sentou-se e escreveu a Meade o que foi, considerando-se seu histórico, uma carta dura.

Caro general,

Creio que não tenha compreendido a extensão do infortúnio relacionado à fuga de Lee. Ele se encontrava a nosso alcance e, se tivéssemos apertado o cerco, somando-se a isso nossos recentes sucessos, teríamos encerrado a guerra. Agora, porém, a guerra se prolongará indefinidamente. Se o senhor não teve condições de atacar Lee na última segunda-feira, como poderá fazê-lo ao sul do rio, para onde pode levar poucos soldados, não mais que dois terços das forças que se encontravam a seu dispor? Não seria razoável ter essa expectativa, e não creio que tenha condições de realizar tanto. Sua grande oportunidade passou, e estou imensamente perturbado por conta disso.

Era uma carta plenamente justificável. No entanto, Lincoln nunca a enviou. Foi encontrada entre seus papéis após sua morte.

O que impediu o presidente de expressar sua enorme decepção e sua compreensível crítica?

O presidente Lincoln era um mestre na arte da comunicação, e a humildade estava no cerne de tudo o que dizia. Ele deve ter considerado que, se enviasse a carta, aliviaria parte de sua frustração, mas provocaria o ressentimento do general Meade, prejudicando a utilidade dele como comandante. Lincoln sabia que poucos dias antes Meade tinha sido nomeado comandante do Exército no Potomac. Sabia também que Meade tivera uma sequência de resultados heroicos. Certamente Meade estava sob forte pressão somada ao fardo provocado pela animosidade entre ele e alguns de seus comandados. Se Lincoln desconsiderasse esses detalhes e enviasse a carta, certamente venceria a batalha de palavras, mas sofreria perdas na guerra de influência.

Isso não quer dizer que o general Meade não deveria ser informado de seu erro, apenas que aquela era uma forma ineficaz de informá-lo. Tempos depois, Lincoln comunicou a Meade sua decepção, mas de maneira digna. Ao optar por ser generoso e segurar a carta mais ríspida, Lincoln escolheu manter, e até mesmo aumentar, sua influência sobre Meade, que continuaria sendo fundamental para o bem civil em sua cidade natal, a Filadélfia, até sua morte em 1872.

Lincoln parecia saber, mais do que qualquer outro presidente americano, quando devia segurar a língua e quando se calar seria um erro mais grave do que falar. No cerne dessa habilidade estava a compreensão de uma das verdades mais fundamentais da natureza humana: somos criaturas que tendem a se autopreservar, que se sentem instintivamente compelidas a se defender, evitar e negar todas as ameaças ao nosso bem-estar, inclusive aquelas que ameaçam nosso orgulho.

Veja o caso do escândalo dos esteroides na Major League Baseball, a liga americana de beisebol. Dos 129 jogadores acusados de usar esteroides e hormônio de crescimento humano por testes antidoping, pelo Relatório Mitchell ou por delações de colegas, apenas 16 admitiram o uso.[10]

Então eles são simplesmente atletas de alto rendimento com um ego tão inflado quanto os músculos?

Devagar com o andor. Pense na última vez que alguém lhe apontou o dedo por algo que você disse ou fez. Devemos supor que, ao ouvir a acusação, você abraçou a pessoa e a convidou para almoçar? Ou você teve vontade de esconder uma lata de sardinhas aberta na escrivaninha dela (e isso, provavelmente, para ser delicado)?

Ninguém gosta de ser repreendido, seja a repreensão merecida ou não. "Nosso anseio por aprovação é tão grande quanto nosso medo de reprovação", explicou o endocrinologista Hans Selye.

Quando tentamos usar as críticas para vencer uma discussão, provar algo ou estimular mudanças, damos dois passos atrás. É claro que críticas construtivas podem levar as pessoas a mudar, mas depreciar o outro quase nunca gera os resultados que você deseja. E não estamos falando apenas de discussões em público; isso também vale para conversas em particular.

Apesar da tendência atual de vermos comentários depreciativos em blogs, programas de entrevistas e redes sociais, no momento em que você usa um desses meios para criticar, o alvo da crítica se sente obrigado a se defender. E quando o outro fica na defensiva, não há nada que você possa dizer ou fazer para transpor as barreiras erguidas. Tudo o que você disser será recebido por ele com ceticismo ou, pior, com total incredulidade. Assim, os comentários críticos funcionam como bumerangues invisíveis. Eles voltam e atingem a cabeça de quem os lançou.

Esse efeito é ainda mais rápido num mundo em que quase tudo está a uma tecla, um clique, um microfone ou uma câmera de ser exibido para o mundo todo. O ator Mel Gibson aprendeu essa triste lição da pior forma possível quando deixou uma mensagem de voz recheada de palavrões e expressões preconceituosas na caixa de mensagens da ex-namorada. Antes um dos atores de Hollywood mais influentes do mundo, Mel Gibson viu sua influência global sofrer um enorme prejuízo.

Um exemplo menos volátil mas ainda assim prejudicial ocorreu em julho de 2008, quando um microfone da Fox News captou comentários que, de acordo com um post num blog da CNN, "o reverendo Jesse Jackson pretendia fazer em privado e que depreciavam o provável candidato democrata à Presidência da República e então senador Barack Obama por parecer querer dar lições de moralidade à comunidade negra".[11] Apesar de Jackson ter pedido desculpas imediatamente, seus comentários prejudicaram sua influência nacional em assuntos importantes para membros da comunidade negra. Além disso, o caso pôs em questão seu apoio ao então candidato Obama, que pouco tempo depois se tornaria o 44º presidente dos Estados Unidos.

Embora a maioria das pessoas consiga evitar essas gafes, antes de julgarmos figuras públicas que passaram por essa situação, devemos, para o nosso próprio bem, considerar o que os outros diriam se um de nossos acessos de raiva viesse à tona. O melhor, porém, é sempre seguir à risca um princípio simples no trato com os outros – não critique, não condene, não reclame. Vivemos numa época em que o mundo inteiro pode nos ouvir, em que é possível ser responsabilizado por algo em nível global, em que nossas catástrofes comunicativas podem nos perseguir pelo resto da vida.

Apesar de hoje haver uma tendência global a se falar livremente, nunca é sábio nem necessário criticar os outros para tornar sua mensagem mais eficaz, importante ou digna de nota. A melhor maneira de ver as inúmeras possibilidades de se fazer ouvir não é como um peso nem como uma bênção, mas como uma responsabilidade. Os que aceitam essa responsabilidade com humildade, compaixão e zelo se destacam muito mais rápido, pois as pessoas seguem dispostas a ouvi-los. As pessoas mais respeitadas nas indústrias, nas empresas, nas famílias e nos grupos de amigos são as que expressam claramente seus pontos de vista e são respeitosas com os ouvintes que desejam influenciar, seja na forma de pensar ou no comportamento.

Usar as palavras para obrigar o outro a mudar é, em certos casos, o que chamamos de coerção, e há motivos para que isso seja considerado crime. De qualquer forma, mesmo que não seja ilegal entre dois colegas de trabalho, amigos ou namorados, é muito melhor evitar esse artifício. A maneira mais simples de agir é buscar aprimorar a si mesmo, não os outros. Para isso:

- Mude a forma de usar as redes sociais. Evite apontar o dedo e fazer críticas e passe a incentivar e elogiar. Não há nada de errado em oferecer informações a seus amigos e seguidores, mesmo que seja sobre coisas que eles deveriam evitar, mas o modo como você fala faz toda a diferença. Você está compartilhando informações porque quer atacar? Guarde suas críticas para quando estiver com um amigo de confiança. A verdade é que, mesmo que as pessoas já estejam do seu lado e você tenha razão, ficar se vangloriando ou reclamando não as fará se aproximar mais de você. Quando muito, esse comportamento as fará se questionar se podem confiar em você para abrir o coração e falar sobre os próprios erros.

- Evite falar mal das pessoas como uma estratégia para se diferenciar. A longo prazo, o efeito disso é muito mais negativo do que positivo. Numa economia global, você nunca sabe quando seu grande concorrente se tornará seu maior aliado. Qual será sua reação quando descobrir que o melhor caminho para fazer sua empresa crescer é negociar com um desafeto que você criticou no passado? A competição é saudável e deve ser respeitada. A colaboração é crucial e deve ser protegida.
- Torne suas mensagens significativas retirando tudo aquilo que só favorece você mesmo. Não importa se está tuitando uma ótima notícia para uma grande base de seguidores ou atualizando os membros da diretoria, sempre é bom lembrar que ninguém quer receber uma enxurrada de informações que só são importantes para você. Acima de tudo, as pessoas que recebem suas informações querem valor. Se tudo o que você faz é reclamar dos seus próprios problemas, elas não o ouvirão por muito tempo. O mundo está cheio de positividade para se perder tempo e ficar para baixo com a negatividade dos outros.
- Acalme-se antes de se comunicar com outras pessoas. Quando algo ruim acontece e deixa você desanimado ou irritado, em geral os cinco primeiros minutos são os mais voláteis. Se você treinar e aprender a manter o autocontrole, evitará perder horas tendo que se retratar, retirar o que disse e bajular os outros para desfazer a má impressão. Todos nós temos nossos momentos de indiscrição, mas há poucas coisas piores do que uma indiscrição privada vir a público. Evite problemas que podem parecer menores à primeira vista – mas podem crescer de

forma desproporcional – pensando duas vezes antes de dizer algo de que poderá se arrepender no futuro.

Embora sempre seja possível dizer algo bom sobre o outro, lembre-se de que sempre é possível dizer algo bom sobre você mesmo também. Sobre isso, há um antigo e sábio provérbio judaico que diz: "Pois da maneira que julgar será julgado; e os critérios de sua avaliação serão os critérios com que será avaliado."[12]

E, ainda que às vezes seja difícil abrir mão do direito de falar livremente, uma rápida pesquisa o fará recordar que os maiores influenciadores da história foram os que seguraram a língua e engoliram o orgulho quando varridos por uma onda de emoções negativas e, em vez de "soltarem os cachorros", procuraram se comunicar de maneira breve, humilde e sábia.

Talvez não exista exemplo mais memorável do que a resposta do prolífico escritor britânico G. K. Chesterton a um convite do *Times* para escrever um ensaio sobre o tema "Qual é o problema do mundo?".

Eis a resposta de Chesterton:

Prezados senhores,
Sou eu.
Cordialmente,
G. K. Chesterton[13]

Não surpreende que, em 1943, uma resenha na revista *Time* sobre seu livro *Ortodoxia* relatasse que o adversário mais conhecido de Chesterton, o dramaturgo irlandês George Bernard Shaw, o tenha chamado de "um homem de um gênio colossal".[14] A mesma resenha se referia a Shaw como "um inimigo amigável" de seu contemporâneo. O próprio Chesterton descreveu seu relacionamento singular com Shaw como o de "caubóis num filme mudo que nunca foi lançado."[15] Os dois discordavam em quase todas as questões, mas o espírito do relacionamento nunca foi abalado, graças, em grande parte, à habilidade de Chesterton de manter seu ego sob controle e de respeitar as opiniões de um homem que discordava dele em tudo. Essa situação aconteceu diversas vezes na vida do escritor britânico.

A influência de Chesterton chegou muito longe, alcançando contemporâneos como Bernard Shaw, Oscar Wilde e H. G. Wells. Seu livro *O homem eterno* contribuiu para a conversão de C. S. Lewis, então ateu, ao cristianismo; sua biografia de Charles Dickens foi, em grande parte, responsável por repopularizar a obra de Dickens e por fazer com que grande parte do mundo acadêmico passasse a enxergá-lo com outros olhos; seu romance *O homem que era quinta-feira* inspirou o líder republicano irlandês Michael Collins com a ideia de que "se você não dá a impressão de que está se escondendo ninguém caça você"; e sua coluna no *Illustrated London News* em 18 de setembro de 1909 teve um efeito profundo em Mahatma Gandhi.[16]

Para fazer amigos e influenciar pessoas no mundo atual é preciso menos do que ter uma retórica inteligente. Basta utilizar a sutil eloquência que nasce da elegância e da humildade. Se eu sou o que há de errado com o mundo, e você também é, então podemos parar de nos preocupar em descobrir quem está com a razão e começar a trabalhar para tornar nosso mundo melhor. Pare de criticar os outros e suas palavras criarão um caminho muito mais rápido para o progresso.

2

Elogie o que merece ser elogiado

O FILME VENCEDOR DO OSCAR *O discurso do rei* conta a história de um homem comum com uma habilidade incomum que ajudou um príncipe gago a se tornar um rei que iria mobilizar uma nação.

O príncipe Albert, duque de York, tinha uma gagueira que o atrapalhava em todos os aspectos de sua vida. Isso lhe trazia dificuldade para contar histórias a suas filhas, para fazer discursos em público e para falar no rádio, a última tecnologia da época. Buscando a cura para o problema, ele conheceu um terapeuta da fala australiano chamado Lionel Logue. Os métodos de Logue não eram convencionais, em grande parte porque ele acreditava que a gagueira é um problema mais psicológico do que físico.

O filme mostra como o príncipe, conhecido em sua família como Bertie, resiste às súplicas de Logue e depois mostra a tensão cada vez maior entre os dois quando o duque de York torna-se o rei George VI, *rex imperator*, enquanto a Segunda Guerra Mundial se aproxima.

Num momento crucial em que se preparam para a coroação, o futuro rei tem um surto e é tomado por todos os seus medos – de que vai falhar com sua nação e se tornar motivo de riso para toda a história.

"Bertie", exclama Logue, "você é o homem mais corajoso que eu conheço."

Bertie para e reflete sobre o peso dessas palavras. Elas produzem um impacto capaz de mudar sua vida.

Se Emerson tinha razão ao escrever "O antecessor de toda ação é um pensamento", o que Logue fez foi usar a mais brilhante estratégia para os que desejam influenciar.[1] Ele introduziu uma ideia até então nunca considerada. Bertie, o príncipe gago, não era um fraco. Não era perdedor nem motivo de riso. A vida inteira lidando com chacotas e a imagem que ele tinha de si mesmo não contavam toda a história a seu respeito. Havia nele algo que era mais fundamentalmente verdadeiro, algo que era bom... talvez até grandioso.

Bertie abraçou a ideia. E no fim acabaria se tornando outro homem porque uma pessoa teve o discernimento de elogiar um traço dele que os outros não viam porque só conseguiam enxergar sua gagueira.[2]

Compare as ações de Logue e de Ron Schiller, vice-presidente executivo da National Public Radio (NPR, estação de rádio norte-americana) que foi demitido ao ser flagrado em um vídeo menosprezando os partidos políticos dos quais não gostava. A principal diferença entre as duas abordagens é, em última análise, uma questão de escolha.

Nem Bertie nem nenhum partido político estão isentos de defeitos. Não é que o objeto com o qual Lionel Logue teve que lidar (o rei) fosse mais justo e honrado que os citados por Ron Schiller na gravação (os partidos). Tanto Logue quanto Schiller poderiam ter motivos para criticá-los. A diferença é que Logue escolheu o caminho que aumentava sua influência, o caminho que enxergava a dignidade humana como a maior das virtudes. Schiller escolheu um caminho no qual esqueceu a si mesmo e outras pessoas. Não é difícil concluir qual dos dois caminhos é o mais sensato.

Uma antiga e poderosa parábola judaica conta a história de um pastor que cuidava de 100 carneiros, e ele faria de tudo pelos animais. Contudo, certa noite, ele fez a contagem e notou que estava faltando um. Só um. Noventa e nove estavam bem e em segurança. O que faz o pastor? Reza e espera o carneiro aparecer antes que algum lobo o devore? Não, ele recolhe os 99 e vai procurar o que falta. Esse único carneiro é tão importante que o pastor não suporta a ideia de deixá-lo sozinho.[3]

Pense na mensagem que essa atitude transmite aos carneiros, não só ao que está perdido, mas aos outros 99 que esperam receber do pastor alimentação e proteção. Agora pense em como você pode transmitir a mesma mensagem às pessoas que deseja influenciar. Você demonstra quanto os considera valiosos? Esse princípio simples é extremamente poderoso quando utilizado com regularidade.

Todos nós temos um desejo inato e insaciável de saber que somos queridos, que somos importantes. Apesar disso, uma das tarefas mais desafiadoras da atualidade é dizer isso aos outros.

Podemos ficar muito obcecados com as coisas menos importantes, mais superficiais à nossa volta. Passamos semanas falando mal do estilo de uma celebridade ou criticando o último pecado cometido por um atleta famoso. Passamos horas observando a sociologia de uma família com filhos universitários escandalosos. Mesmo quando não perdemos tempo pensando em besteiras da cultura pop, temos tantas demandas, e elas são tão intensas, que é difícil se aprofundar em qualquer coisa.

Quando temos um caminhão de mensagens para ler, a caixa de e-mail está transbordando e as redes sociais nos oferecem inúmeras possibilidades de interação, até nosso cônjuge, aquela pessoa por quem somos tão apaixonados, pode se tornar um inconveniente. E isso sem contar filhos, avós, vizinhos, entre outros. Quem tem tempo de elogiar qualquer coisa exceto, talvez, o carro novo ou a cozinha reformada do vizinho? Porque pelo menos isso é rápido e indolor.

O problema é que rápido e indolor também podem significar mundano e irrelevante. É por isso que empregar esse princípio é tão importante hoje em dia.

Mas falar algo bom sobre os outros não deve ser confundido com bajulação.

A diferença? A consideração verdadeira pelo outro.

Certa vez, um jovem e confuso estudante pediu a Muhammad Ali um conselho sobre o que fazer da vida. Não conseguia decidir se continuava estudando ou se caía no mundo para fazer fortuna. Estava claro que tendia para a segunda hipótese. "Fique na faculdade, estude", aconselhou Ali. "Se eles podem fazer penicilina com pão mofado, poderão fazer alguma coisa com você!"[4]

Muhammad Ali estava, claramente, zombando da situação. Logo depois se deu conta do que provavelmente tinha sido dito ao rapaz durante toda a sua vida e, com leveza, foi direto ao ponto: "Não desista facilmente.

Mantenha o rumo. Apesar de tudo o que lhe disseram, você é importante e capaz de realizar algo grandioso."

Ao contrário da bajulação, um elogio sincero requer uma boa avaliação do outro para saber o que afirmar, conhecê-lo bem para saber o que realmente importa. Em geral, bajular é admitir insensibilidade, uma traição à confiança. Dizemos coisas que achamos que devemos dizer, mas na realidade não pensamos nada daquilo. Que mensagem a bajulação transmite? "Eu não me importo com você o bastante para refletir sobre o que deveria falar."

É preciso superar a tentação de viver no piloto automático. O autor best-seller Rick Warren escreveu:

> Saímos correndo e dizendo às pessoas: "Oi, como vai? Foi bom ver você." Nem sequer as olhamos nos olhos. Não estamos conversando de verdade. Se você age assim, perde grande parte do potencial que há em outras pessoas. [...] Pessoas não são coisas a serem moldadas, como o barro. Esse não é o seu trabalho. Isso é manipulação, não liderança. Pessoas não são coisas a serem moldadas; elas são vidas a serem desabrochadas. E é isso que fazem os verdadeiros líderes. Eles desabrocham as vidas dos outros e os ajudam a alcançar o potencial que Deus lhes deu.[5]

Não é razoável esperar que qualquer um esteja o tempo todo no máximo de suas habilidades. É claro que todos perdemos oportunidades que deveríamos ter aproveitado. Só que podemos fazer uma autoavaliação ao longo do tempo. Será que as mensagens que você transmite, seja com palavras escritas, faladas ou presencialmente, estão fazendo um elogio ou apenas demonstrando sua indiferença? Quanto mais próximas do elogio, mais influência você terá sobre os outros.

Emerson escreveu: "Todo homem tem o direito de ser avaliado por seus melhores momentos."[6] Pense nisso por um instante. Qual relacionamento está mais desgastado na sua vida atualmente? Como seria se você focasse nos melhores momentos dessa pessoa e tentasse elogiá-los? Isso não significa que ela não tenha seus defeitos. Não quer dizer que tenha menos defeitos do que boas qualidades. Pode ser uma pessoa problemática, que tenha cometido muitos erros no passado. Mas de uma coisa você pode ter certeza: se quiser influenciá-la a mudar, apontar seus defeitos não o ajudará em nada. Agora, se você começar a lembrá-la do que ela pode se tornar - não criando hipóteses exageradas, mas recordando-a do próprio histórico de bondade, sucesso e grandes ideias, mesmo que seja uma lista curta –, algo dentro dessa pessoa despertará. Talvez ela comece a ver o que ainda pode se tornar, apesar do que foi. "Quando tratamos um homem como ele é, isso o torna pior; quando o tratamos como se ele já fosse o que pode ser, nós o fazemos alcançar o que deveria ser."[7]

Poucas pessoas na história compreenderam melhor o poder de valorizar o bem que existe nos outros do que Abraham Lincoln, o 16º presidente dos Estados Unidos. Com essa única ideia, ele manteve a nação unida. Quando fez o juramento ao assumir o cargo em março de 1861, todos duvidaram que um dia outro presidente americano fizesse um discurso de posse semelhante.

No mesmo dia em que ele tomou posse, a nova bandeira dos Estados Confederados foi hasteada pela primeira vez em Montgomery, Alabama. Nos meses seguintes à sua eleição, sete estados se separaram da União. Todos, tanto amigos quanto inimigos, queriam saber o que aquele homem tinha a dizer sobre os estados dissidentes.

Hoje a história considera esse um dos maiores discursos já proferidos, exatamente porque Lincoln o escreveu com um espírito de reconciliação. Ele não foi fraco - advertiu os Estados Confederados quanto às consequências de qualquer ataque à União –, mas teve a visão de fazer um elogio num momento em que quase ninguém seria capaz disso: "Não somos inimigos, e sim amigos. Temos a obrigação de não sermos inimigos."

■ ■ ■

Quanta audácia foi necessária. Sete estados já tinham se separado da União e declarado independência. A guerra se aproximava. Amigos? Como poderiam ser considerados amigos?

Pense na última vez que um colega de trabalho traiu você, um cliente mentiu para você ou um vendedor não entregou sua compra conforme o prometido. Sua primeira reação foi lembrar outra coisa que ele tenha feito e que tenha sido boa ou verdadeira?

Ser desapontado ou traído é uma das coisas mais frustrantes e irritantes que podem acontecer. Ao mesmo tempo, esses momentos nos oferecem uma rara oportunidade de causar uma excelente impressão.

Você se lembra da última vez que alguém o surpreendeu lhe dando um benefício injustificável ou um perdão incondicional? Isso pode ter ocorrido muitos anos atrás, talvez até na sua infância. Mas, provavelmente, essa pessoa ocupa um lugar permanente na sua memória, e a emoção que você sentiu naquele momento continua viva.

Em última análise, para exercer influência você precisa se destacar e, com isso, ocupar um plano mais elevado na mente e no coração do outro. Se tudo o que você faz é agir ou reagir como qualquer um faria, você nunca se destacará. Os motivos são simples.

A competição por atenção é constante. Muitas vezes nossas interações não passam de um borrão, são esquecidas na hora. É uma tarefa bastante desafiadora se tornar influente hoje em dia. Você precisa ter oportunidades para demonstrar que é altruísta e digno de confiança, e geralmente tem apenas alguns segundos para isso. Se todos nós fôssemos perfeitos e não tivéssemos qualquer defeito, para exercer influência só precisaríamos entrar na esfera de influência da pessoa e demonstrar mais confiabilidade que os outros. E seria difícil chegar a isso, pois nesse caso sua concorrência seria composta de indivíduos tão imunes ao erro quanto você. Nesse cenário, a competição por influência seria parecida com um concurso de beleza (e alguns ainda acham que é assim que funciona).

Mas não é o caso. Somos seres cheios de defeitos, por isso podemos fazer elogios quando está tudo bem ou quando discordamos ou nos desapontamos com outra pessoa. O importante é não abrir exceções de acordo com o caso – tinha um espírito positivo para dizer o que pensa sobre os outros sempre que puder.

A menos que você cometa o erro de algumas pessoas, exibir um espírito positivo quando o outro tiver errado com você não é demonstrar fraqueza ou passividade. Também não é negar a justiça, pois compaixão sem justiça não significa nada. Lincoln enxergou além do óbvio, viu o que poderia acontecer e foi atrás disso.

Embora a paixão possa ter arrefecido, não devemos romper nossos laços de afeto. Os acordes místicos da memória se estendem de todos os campos de batalha e de todos os túmulos de patriotas a cada coração pulsante e a cada lar deste vasto país e aumentarão a intensidade do coro da União.

Às vezes, elogiar o outro significa lembrar que existe algo bom nesse indivíduo. Sim, Lincoln dissera que a paixão havia arrefecido, mas os laços de amizade são ainda mais fortes. O Sul e o Norte compartilhavam uma história americana. Eles haviam declarado independência da Inglaterra juntos, construíram juntos uma nação, passaram juntos pela guerra, e todos precisavam ser lembrados disso: "Quando forem tocados novamente, e certamente serão, pelos bons anjos da nossa natureza."

Essas palavras finais resumem tudo o que precisava ser elogiado. Ali, oculto, havia algo maior do que a discórdia, uma realidade melhor e mais verdadeira que precisava de permissão para respirar.

De um monarca britânico a uma jovem nação dividida, um apelo à bondade do outro transformou situações tensas em desafios à mudança. Ao contrário do que alguns poderiam se sentir tentados a pensar, fazer isso não é ignorar os problemas entre você e o outro, mas encarar os problemas de maneira digna e respeitosa, capaz de estimular o outro a se arrepender, se reconciliar ou se aprimorar.

Em seu livro *You Can't Lead with Your Feet on the Desk* (Você não vai conseguir liderar com os pés em cima da escrivaninha), Ed Fuller, presidente e diretor-geral da Marriott International, afirma: "Nenhuma relação de negócios valiosa, seja com seu próprio pessoal, com clientes ou com parceiros, pode durar sem respeito mútuo. E aprendi em primeira mão que demonstrar aos adversários que você os olha com admiração pode resolver até mesmo conflitos violentos."

Em seguida, Fuller conta a história de uma briga entre um advogado da Marriott e o dono de um hotel na América do Sul. Eles renegociavam os termos de um acordo de gestão quando o clima esquentou, a conversa se transformou em gritaria, e os dois homens adultos começaram a se agredir na sala de reunião. A briga não foi interrompida pelos outros presentes até que o revólver do dono do hotel saiu do coldre e caiu no chão. Nesse momento os brigões foram imediatamente separados, com os egos danificados e sem uma solução para o impasse.

Meses se passaram sem que houvesse qualquer progresso, até que um advogado corporativo e dois executivos da empresa sugeriram que o presidente da Marriott fizesse uma visita ao dono do hotel. Fuller descreve o que aconteceu:

> Eu peguei um voo e passei dois dias com ele, visitando seu negócio, comendo no clube em que ele era sócio e conversando com seus amigos. Conforme formos nos conhecendo fora do ambiente de trabalho, nosso respeito mútuo cresceu. Pude vê-lo sob outro ângulo e percebi a força de seu comprometimento com seus funcionários, sua família e sua comunidade. As diferenças no cerne do conflito não foram resolvidas ali, mas percebi que ele merecia meu respeito pela pessoa que era e pelo que havia alcançado. Uma semana após eu ir embora chegamos a um acordo com o proprietário.[8]

Assim como cada um dos princípios abordados neste livro, elogiar não é uma estratégia que só funciona para pessoas com títulos imponentes e em momentos épicos da história humana. Vale para hoje, para a atualidade, para um momento em que o espírito da comunicação geralmente não tem nada de engrandecedor. Nos palanques políticos, nas redes sociais ou na mesa de reunião, a pessoa que fala com um espírito positivo, respeitoso e sem exageros fará mais amigos e influenciará mais pessoas do que aquela que se comunica por críticas, reprovações e condescendência.

A beleza desse princípio é que não precisa ser utilizado apenas pessoalmente. "Mesmo sabendo que nada pode substituir a eficácia da interação cara a cara, é importante lembrar que as redes sociais podem ajudar na construção dos relacionamentos", afirmou Blake Mycoskie, fundador da TOMS Shoes, em uma entrevista recente.[9] Em qualquer momento do dia podemos disseminar mensagens positivas sobre nossos amigos, fãs e seguidores de várias maneiras: por e-mail, Facebook, Twitter e blogs. Só não cometa o erro de separar o significado individual da mensagem de seu alcance total. Por maior que se torne seu negócio, por mais que seu número de seguidores não pare de crescer, as mensagens ainda serão transmitidas e recebidas num nível individual.

O princípio que constrói uma ponte de influência entre um rei e seu terapeuta da fala é o mesmo que constrói uma ponte de influência entre uma empresa e seus clientes, entre um executivo e seus subordinados ou entre pai e filho.

Todos nós estamos unidos por um único desejo: ser valorizado pelo outro. Se essa mensagem será transmitida, não é uma decisão em conjunto. O indivíduo que recebe a mensagem – quer esteja sentado sozinho no outro lado da mesa ou no meio de uma multidão – é que define se ela será compreendida ou não.

Em *Como fazer amigos e influenciar pessoas*, Carnegie apresentou uma história que talvez, mais do que qualquer outra em sua obra, tenha tocado o coração de milhões de leitores no mundo todo. A história não era dele. Era de um homem chamado W. Livingston Larned, que a intitulou "Papai perdoa".

Carnegie a incluiu como um incentivo a todos nós, que nos perdoamos tão facilmente mas passamos os dias criticando os outros. A história foi incluída aqui numa perspectiva diferente – não a do pai que finalmente enxerga os próprios erros, mas a do jovem filho que, com um espírito de afirmação incondicional, exerce um grau de influência que muda seu pai para sempre.

> Escute, meu filho: estou falando enquanto você dorme, com sua mãozinha escondida debaixo do rosto, os cachinhos louros grudados na testa úmida. Entrei no seu quarto sozinho e sem fazer barulho. Minutos atrás, enquanto lia o jornal na biblioteca, fui tomado por uma sufocante onda de remorso. Sentindo-me culpado, vim até a cabeceira da sua cama.
>
> Andei pensando em algumas coisas, meu filho: fiquei zangado com você. Repreendi você enquanto se vestia para a escola porque mal enxugou o rosto com a toalha. Chamei sua atenção por não ter limpado os sapatos. Reclamei com raiva quando você jogou suas coisas no chão.
>
> Também me irritei no café da manhã. Você derramou a bebida. Engoliu a comida. Pôs os cotovelos na mesa. Passou muita manteiga

no pão. Foi lá fora brincar e, quando saí para o trabalho, você virou para mim, acenou e disse: "Tchau, papai!" Eu franzi a testa e respondi: "Endireite os ombros!"

De noitinha, tudo recomeçou. Quando cheguei perto de casa, vi você de joelhos no chão, jogando bolinhas de gude. As meias estavam furadas. Eu o humilhei diante dos seus amigos e o fiz voltar para casa. Meias são coisas caras, e você teria mais cuidado se tivesse de comprá-las com o próprio dinheiro! Meu filho, imagine isso vindo de um pai!

Você lembra quando, mais tarde, eu estava lendo na biblioteca e você entrou timidamente, com uma carinha triste? Irritado pela interrupção, ergui os olhos do jornal, e você hesitou à porta.

– O que você quer? – perguntei, resmungando.

Você não disse nada, apenas saiu correndo, abraçou meu pescoço e me beijou. Seus bracinhos me apertaram com uma afeição que Deus fez desabrochar em seu coração e que nem minha negligência foi capaz de fazer murchar. Em seguida, você saiu e subiu correndo a escada.

Pois bem, filho: pouco depois, o jornal escorregou das minhas mãos e um medo terrível, nauseante, tomou conta de mim. O que o hábito tem feito comigo? O hábito de encontrar defeitos, de repreender – era assim que eu vinha recompensando você por ser um menino. O problema não era falta de amor; era que eu esperava demais da infância. Eu o avaliava segundo os padrões da minha idade.

E havia muita coisa boa, bela e verdadeira em seu caráter. Seu coraçãozinho era tão lindo quanto o amanhecer entre as colinas. Percebi isso pelo seu gesto espontâneo de correr para me dar um beijo de boa-noite. Nada mais importa esta noite, filho. Eu vim até sua cabeceira na escuridão e me ajoelhei, envergonhado!

Meu gesto não passa de uma autopunição insignificante. Sei que você não compreenderia essas coisas se me ouvisse enquanto estivesse acordado. Mas amanhã serei um papai de verdade! Serei seu companheiro, sofrerei com seu sofrimento, rirei com seu riso. Vou me refrear quando quiser demonstrar impaciência. Repetirei sem parar, como num ritual: "Ele é apenas um menino... um menininho!"

Infelizmente, eu estava enxergando você como um homem. Porém, ao observá-lo neste momento, meu filho, encolhido e exausto em sua cama, vejo que ainda é um bebê. Ontem mesmo estava nos braços de sua mãe com a cabeça apoiada no ombro dela. Eu exigi demais de você, demais.

Quando vem com clareza da nossa boca e do nosso coração, o elogio exerce uma influência profunda sobre até o menor dos seres humanos. Toda vez que temos um grande progresso ou resolvemos nossos problemas com os outros, é porque ao menos uma das partes quis levar à mesa algo que já é bom. A partir daí, é muito mais fácil saber por onde começar e como conduzir a interação até um final benéfico para todos.

3

Conecte-se com desejos essenciais

No início de 2002, a revista *Time* publicou em sua capa a imagem de um computador estranho. Tinha uma pequena base em forma de domo, de onde subia uma haste cromada à qual estava preso um monitor de tela plana, que podia ser empurrado, puxado, virado, baixado ou levantado com o toque de um dedo. O computador se chamava iMac, e a Apple Computer que estava lançando a novidade, precisava desesperadamente que ele funcionasse para continuar viva.[1]

A Apple sempre tinha sido a queridinha de um nicho específico da computação – em geral, pessoas criativas, *antiestablishment*. Mas no artigo que contava a história da capa, seu CEO, Steve Jobs, anunciava uma visão totalmente nova para os consumidores.

Segundo Jobs, o futuro estava no computador pessoal como um "*hub* digital" para filmadoras, câmeras digitais, tocadores de MP3, Palm OS, telefones celulares e DVD players. Ele estava arriscando o futuro da companhia com base em sua visão de um lugar onde toda uma vida digital poderia se consolidar. E, junto do iMac, vinha gratuitamente um pacote de softwares que hoje são sinônimos da era digital – iTunes, iPhoto e iMovie.

Críticos e concorrentes riram de Jobs. Alguns dos antigos rivais da Apple disseram que o iMac era "cômico" e "ridículo" e que a visão era "grandiosa demais".

E o público? Abraçou a visão e o futuro que a empresa prometia. Com isso, a Apple Computer, hoje apenas Apple, viu o valor de suas ações subir 4.856%. O concorrente mais próximo cresceu aproximadamente 14% no mesmo período.

Por quê?

Seria porque as outras empresas prefeririam que ninguém comprasse seus produtos? Claro que não. Todas querem ser bem-sucedidas. Todas querem ser bem-vistas. Todos desejam ter mais e mais influência e fazer com que as pessoas comprem seus produtos.

A diferença é que Steve Jobs percebeu uma coisa que Dale Carnegie defendia: para influenciar os outros a agir, primeiro você tem que se conectar com um desejo essencial que eles trazem dentro de si.

Essa é uma verdade universal, quer você esteja lidando com crianças, clientes ou bezerros. Certo dia, Ralph Waldo Emerson e seu filho tentavam fazer um bezerro entrar no curral sem sucesso. Eles empurravam e o bezerro puxava. Eles puxavam e o bezerro empurrava.

A empregada deles percebeu a situação. Ela não era capaz de escrever livros brilhantes, mas teve uma ideia e achou que poderia resolver o problema. Foi até o bezerro e pôs o dedo na boca do animal. O bezerro começou a sugar, e ela o conduziu mansamente para dentro do curral.

O que a empregada sabia que o grande filósofo tinha esquecido?

Ela sabia que um dos desejos essenciais do bezerro era se alimentar. Ao "satisfazer" esse desejo, o bezerro a seguiu por vontade própria.

Emerson e seu filho pensaram apenas no que eles desejavam – o bezerro dentro do curral, para poderem ir almoçar. Mas o bezerro, que pastava, satisfeito, no gramado verdejante, não tinha o menor interesse em ficar confinado num lugar escuro que restringiria suas opções de comida. Isto é, até a criada aparecer, oferecer o dedo e lembrar ao bezerro que dentro do curral ele poderia tomar leite morno.

Essa é uma excelente metáfora porque oferece dois insights cruciais que costumamos esquecer quando tentamos influenciar os outros:

1. Influência requer mais intuição do que intelecto. O que distingue Emerson de sua humilde empregada não é a capacidade mental. Embora Emerson fosse mais instruído, a diferença entre os dois

era a capacidade de intuição. A empregada tinha o que faltava a Emerson.

O mundo público costuma dar mais importância àqueles que ocupam altos cargos, que exigem muito estudo e aptidão - o CEO, o chefe de departamento, o médico, o bilionário. Supomos que essas pessoas podem mobilizar as massas com um sussurro e um estalar de dedos. Mas, como assinalou Guy Kawasaki, ex-propagandista da Apple, "se um indivíduo desses não tem um relacionamento profundo com as pessoas, não terá muita influência sobre elas."[2]

A verdade é que esses indivíduos tão imponentes têm capacidade apenas um pouco acima da média para influenciar, e sua maneira de conquistar essa influência é igual à de qualquer outra pessoa. A influência não respeita escolaridade nem experiência; acompanha apenas quem ignora o próprio status - seja alto e poderoso ou baixo e fraco - e se coloca no lugar do outro. Para isso, é preciso ter perspicácia e a capacidade espontânea de ler nas entrelinhas de uma interação.

"O essencial é invisível aos olhos", escreveu Antoine de Saint-Exupéry. Essa é uma importante verdade que devemos ter em mente ao lidar com as pessoas que queremos conquistar. Para influenciar os outros não é preciso ser mais esperto que eles. É preciso discernir o que eles realmente querem e lhes oferecer isso num pacote benéfico para ambas as partes.

"Ele sabe tão pouco e consegue fazer tanto", dizia Robert McFarlane, o terceiro dos seis membros do Conselho de Segurança Nacional do presidente Reagan, ao expressar sua admiração pelo chefe. Quando Reagan "deixou Washington mais popular do que quando assumiu o cargo", escreveu Richard Norton Smith, ele tinha conseguido algo que não acontecia desde Dwight Eisenhower.[3] Como? Segundo o presidente Obama, "Reagan percebeu que o povo americano ansiava por responsabilidade e mudança [...] Ele focou naquilo que o povo já estava sentindo".[4]

2. Influência requer uma mão suave. Lá estavam Emerson e o filho num cabo de guerra com o obstinado bezerro, que se mantinha firme no lugar. Não é assim que se faz o outro passar para o seu lado. Entra em cena, contrastando com os dois, a empregada com o indicador

> estendido, e o bezerro, até então teimoso, para de fazer força e voluntariamente se deixa levar pela criada.

Essa é uma imagem memorável, que mostra quão pequeno é o movimento que precisamos fazer para estimular o outro a agir. Quando era presidente, Dwight Eisenhower tinha no Salão Oval um peso para papel com a seguinte inscrição em latim: "Suave nos modos, forte no agir."[5] Hoje não há dúvida de sua influência global.

"A ação parte daquilo que fundamentalmente desejamos", afirma Harry Overstreet em *Influencing Human Behavior* (Influenciando o comportamento humano). "E o melhor conselho que se pode dar a quem precisa persuadir alguém no trabalho, em casa, na escola ou na política é o seguinte: primeiro, desperte no outro um desejo ardente. Quem consegue isso tem o mundo inteiro a seu lado; quem não consegue trilha um caminho solitário."[6]

A prática de se conectar com desejos fundamentais se aplica a qualquer ramo dos negócios e atravessa fronteiras. Ela é importante para o executivo do ramo da energia na Holanda e para o produtor executivo em Hollywood. Os esforços interpessoais que são inevitavelmente bem-sucedidos são aqueles em que o mensageiro para de ditar e começa a descobrir o que o destinatário quer. Os esforços interpessoais que inevitavelmente fracassam, seja no ramo profissional, na vida pessoal ou até na interpretação artística, são aqueles em que o mensageiro tenta dizer ao destinatário o que *ele*, mensageiro, quer. Talvez isso seja mais evidente no setor de vendas, do qual, de certa forma, todos nós fazemos parte.

Em seu livro *Killing the Sale* (Como matar uma venda), o autor best-seller Todd Duncan descreve os 10 erros fatais cometidos por vendedores. Um deles é o da "argumentação", e quando não nos conectamos com as necessidades essenciais do outro somos os culpados, não importa se nos consideramos vendedores ou não na nossa profissão.

> Quando argumentamos, cometemos o erro de apostar nosso sucesso em vendas na capacidade de defender nosso ponto de vista de modo convincente. É como fazer um monólogo e esperar que o júri se convença do seu ponto de vista e fique do seu lado. O problema é que

> para estabelecer um nível inicial de confiança é preciso mais do que um monólogo floreado. É preciso um diálogo. É preciso haver uma conversa de verdade. Não há outra maneira de saber se seu produto ou serviço atende às necessidades [de alguém].[7]

Depois, Duncan cita o Dr. Theodore Zeldin, autor de *Conversação,* que define a questão de modo sucinto: "Uma conversa de verdade pega fogo."[8]

É espantoso que, apesar dos milhões de dólares gastos todo ano em divulgação e marketing, ainda se gaste muito em função dos desejos e caprichos daqueles que enviam as mensagens em vez de se gastar esse dinheiro pensando nos desejos essenciais do destinatário. Temos uma noção do que queremos que seja nossa oferta ou de como queremos que os outros a enxerguem e passamos mais tempo dando forma e brilho a essa imagem do que descobrindo se ela realmente importa àqueles a quem deveriam importar. A maioria dos indivíduos e das empresas investe mais recursos fazendo campanha do que conexões, quando deveria ser o contrário.

Veja o quadro comparativo que Duncan apresenta em seu livro, justapondo o que as duas formas de comunicação interpessoal dizem sobre você:[9]

Diálogo	Monólogo
Atencioso	Presunçoso
Autêntico	Falso
Transparente	Manipulador
Seguro	Carente
Interessado em satisfazer necessidades	Interessado em fazer dinheiro
Constrói confiança	Constrói tensão

Claro que, quando nos conectamos com os desejos essenciais das pessoas, isso não significa que estamos com a faca e o queijo na mão, apenas que, sem essa abordagem, as pessoas permanecerão inacessíveis. Elas não nos ouvirão e, em vez de nos olharem, desviarão seu olhar para algo ou alguém mais envolvente. E terão inúmeras opções, como no mundo que Steve Jobs vislumbrou em 2002.

Felizmente, a maioria dos e-mails corporativos, tuítes de empresas, blogs e sites de marcas e anúncios são monólogos que pretendem difundir opiniões, dar destaque a marcas, lançar produtos e construir imagens. E é exatamente por isso que a pessoa que fala com um espírito de diálogo e de descoberta altruísta leva uma vantagem significativa.

E como você sabe se tem essa vantagem?

Em geral, basta fazer uma análise honesta do seu impacto. Seus funcionários realmente evoluíram ou continuam num ciclo de crises e tropeços? Você acha que seu casamento está cada vez melhor, mas o que seu cônjuge tem a dizer? Você pensa que seus clientes estão impressionados com seus novos produtos, mas o resultado das vendas confirma essa impressão? Você afirma que sua marca está conquistando o país, mas que padrão está usando para medir esse reconhecimento?

No livro *The Seven Arts of Change* (As sete artes da mudança), David Shaner explica a diferença entre os que verdadeiramente se conectam com os desejos essenciais das pessoas e os que apenas brincam de influenciar, como crianças que brincam de médico. Ele escreve:

> Quase todos os estudos sobre mudança organizacional nas últimas duas décadas indicam que, cerca de 70% das vezes, as empresas não conseguem fazer as mudanças que pretendem [...] Para ter êxito, uma mudança organizacional precisa acontecer, primeiro, no sutil nível espiritual dos indivíduos da organização [...] Toda transformação duradoura precisa começar aí, porque, afinal, esse espírito é a principal influência de todos os nossos comportamentos.[10]

A verdadeira mudança nasce de uma busca interpessoal realizada no íntimo do indivíduo. A explicação de Shaner é perfeita, e ele deve saber disso. Há mais de 30 anos, sua empresa, a CONNECT Consulting, tem ajudado multinacionais como Duracell, Ryobi, MARC USA e SVP Worldwide a conduzir com sucesso esforços por mudança. Suas palavras lembram que nenhuma estratégia de comunicação individual ou campanha dentro de uma empresa exerce qualquer influência enquanto não se conecta com o interior das pessoas. Esse é um princípio essencial em todos os seus esforços para influenciar os outros, seja uma criança de 5 anos ou um grupo de 5 mil funcionários.

Certa vez, um ex-secretário de educação dos Estados Unidos revelou que só aprendeu esse elemento essencial de engajamento ao completar um ano no cargo. Ele estava se sentindo muito bem com o próprio progresso. Tinha viajado, feito discursos, e as pessoas o aplaudiam e lhe sorriam. Ele comparecia a muitos jantares e encontros solenes, e tudo parecia ir às mil maravilhas. Mas com que finalidade?

Em casa, durante o Natal, com tempo para refletir, ele percebeu que, embora tivesse visibilidade e um futuro promissor, nada no departamento havia mudado de verdade. Cinco mil funcionários chegavam pontualmente ao trabalho. Cumpriam suas tarefas. Iam para casa. Havia movimento, mas poucos (ou mesmo ninguém) se sentiam motivados, dentro ou fora do escritório.

Ele quis entender o porquê. Nos primeiros dois meses do ano seguinte, passou um bom tempo com as pessoas que efetivamente faziam funcionar o Departamento de Educação – funcionários de carreira que continuavam a servir, qualquer que fosse o partido político a ocupar a Casa Branca. O secretário chegou à desanimadora conclusão de que, enquanto girava o leme na ponte de comando, o leme não estava conectado a nada lá embaixo. E, como não tinha autoridade para contratar ou demitir funcionários públicos, a única maneira de influenciar positivamente o departamento seria conquistar aqueles trabalhadores. O problema era que eles estavam acostumados a ver políticos chegarem e irem embora. Eram céticos e estavam cansados. Tinham desistido de buscar inspiração no topo.

Foi então que a mulher do secretário sugeriu que um modo de conquistá-los seria lembrar aos funcionários que ele era um apaixonado por educação, e fazer isso não com novas palavras, mas com novas ações.

– Visite as escolas, passe algum tempo com os garotos. Venda no varejo. Todos vão notar, porque é com essas coisas que as pessoas realmente se importam.

– Não vendo no varejo. – Ele bufou. – Sou o secretário de Educação. Eu vendo no atacado.

Sua mulher, que era filha de um comerciante, sorriu e disse:

– Querido, se você não for capaz de vender no varejo, nunca venderá no atacado.

Ela estava certa, e o secretário sabia disso.

Pelo restante daquele segundo ano, ele viajou pelo país, arregaçou as mangas, leu histórias, ouviu os professores e se lembrou de quanto gostava desse tipo de trabalho. Foi uma vitória pessoal. Mais significativo ainda, porém, foi o efeito de suas ações sobre seus subordinados: eles sentiram a paixão renascer - paixão pelas tarefas diárias, por uma educação melhor, por mais oportunidades para mais famílias. Eles se inspiraram no trabalho do secretário porque as ações dele tinham realizado algo que os discursos e as reuniões solenes não haviam tocado: um desejo essencial dos incansáveis funcionários do Departamento de Educação - o desejo de propósito. Eles queriam acreditar novamente. Só precisaram ser lembrados de que seu trabalho ainda importava. O secretário os lembrou, e isso mudou a situação da água para o vinho.[11]

No mundo corrido em que vivemos é muito fácil abdicar do nível de análise do secretário. Grande parte da nossa comunicação virtual tem mão única, por isso acreditamos que temos poucas oportunidades para conhecer o ponto de vista do outro. Nós nos comunicamos com cada vez mais pessoas por dia, porém, ao mesmo tempo, nos tornamos mais provincianos em nossas abordagens. Estamos muito mais propensos a focar na melhor maneira de transmitir nosso ponto de vista de forma rápida, ampla ou as duas coisas juntas. Não é isso que testemunhamos à nossa volta?

É tão fácil se deixar levar por essa competição que acabamos esquecendo nossos reais objetivos: conexão, influência, concordância, parceria. Começamos a acreditar que a batalha está ganha apenas com base na frequência com que influenciamos e em uma originalidade ocasional - estratégias úteis no contexto certo, porém insuficientes.

No entanto existe um lado bom nessa enxurrada constante de mensagens unilaterais que vêm de todos os lados, de grandes corporações a celebridades. Digitando algumas teclas, podemos nos informar melhor sobre os pontos de vista e os objetivos de outras pessoas.

Já falamos sobre os perigos de usar o espaço virtual para reclamar. A maioria das pessoas já tem ideia do que deve e do que não deve divulgar. Revelamos o que nos importa, em que costumamos pensar, o que amamos, do que gostamos e o que queremos que aconteça em breve. Essas pequenas informações se somam e se transformam num conjunto de informações que oferece pistas de nossos desejos essenciais ou até mesmo os revela. Essas informações são inestimáveis para quem deseja exercer influência, porque, assim como o bezerro que queria se alimentar mais, só nos movemos na direção daquilo que nos mobiliza.

PARTE DOIS

Seis maneiras de causar uma impressão duradoura

1

Demonstre interesse nos interesses dos outros

PARA DESCOBRIR A MANEIRA MAIS RÁPIDA de fazer amigos, devemos mirar a pessoa que tem mais seguidores no Twitter, o influenciador com mais compartilhamentos, os vendedores mais experientes ou o político mais poderoso. Certo?

Embora todos esses sejam capazes de obter um grande número de seguidores e de, provavelmente, oferecer bons conselhos, talvez essas pessoas não sejam o modelo ideal para nosso objetivo. Na verdade, os melhores modelos talvez não sejam sequer humanos. Talvez sejam os cães.

Não importa se saímos de casa por dois minutos ou viajamos por duas semanas: na volta, os cães nos recebem como se fôssemos heróis. Eles nunca nos ignoram, ridicularizam ou decepcionam quando precisamos deles. Existem para serem nossos amigos, circular ao nosso redor como se fôssemos o centro de sua existência. Sempre demonstram pura alegria só por estarem em nossa presença.

Dizem que o cão é o melhor amigo do homem, e há motivos para crer nisso. Certas histórias de lealdade canina parecem incríveis demais para ser verdade. O grande poeta Byron escreveu sobre seu cão Boatswain: "Ele tem todas as virtudes do homem e nenhum de seus vícios."[1] Também existem histórias contemporâneas. *A Dog Year* (Um ano do cão), de Jon Katz, e

Marley e eu, de John Grogan, são histórias de amor escritas por homens de luto pela morte de seus cães.

Os cães sabem, por algum instinto divino, que você fará mais amizades em minutos se demonstrar interesse genuíno por outras pessoas do que fará em meses se tentar fazer com que os outros se interessem por você. E esse é um princípio básico sem o qual ninguém é capaz de influenciar outra pessoa. A grande ironia nas relações humanas – sobretudo quando vistas pelas lentes de um cão – é que nosso desejo de ter importância na vida dos outros deveria ser simples de alcançar, mas acabamos complicando a questão; nossa principal luta é contra o egoísmo, o maior obstáculo à amizade.

O fato de nos interessarmos primordialmente por nós mesmos não é um fenômeno tão novo quanto o Twitter ou o Facebook. É anterior às redes sociais. Surgiu antes dos telefones celulares, do e-mail e da internet. Na década de 1930, enquanto Carnegie escrevia seu livro, a Companhia Telefônica de Nova York fez um estudo detalhado das conversas telefônicas para descobrir qual era a palavra usada com mais frequência. O pronome pessoal "eu" foi o vencedor: 3.900 vezes em 500 conversas telefônicas.

Nosso egoísmo ou, para usar um eufemismo, nosso egocentrismo está presente na moral das grandes fábulas. Ícaro decide voar ao redor do Sol, mas o calor derrete suas asas de cera e o faz cair no oceano, e tudo isso porque ele está pensando em si mesmo e ignora os apelos de seu pai. Por que Adão e Eva desobedeceram a Deus no Jardim do Éden? Porque estavam pensando apenas em si mesmos.

É difícil mudar essa característica, e o fato é que ela é tão real quanto a lei da gravidade. Nascemos com o instinto de lutar ou fugir, e nossas palavras e ações mostram que tendemos a nos autopreservar. No entanto, muitas vezes esquecemos contra quem estamos realmente lutando e para onde estamos fugindo. Se não tomarmos cuidado, a autodefesa pode se transformar em autorrestrição, nos impedindo de ter interações significativas e, em alguns casos, de ter qualquer progresso interpessoal.

Se não tomarmos cuidado, podemos acabar fugindo para uma ilha deserta. Assim como aconteceu com Troia, cujas muralhas defensivas acabaram sendo a causa de sua derrocada, podemos nos isolar até não conseguirmos ter qualquer relação interpessoal.

"O indivíduo que não se interessa pelo seu semelhante passa pelas maiores dificuldades na vida e causa os maiores males aos outros", escreveu Alfred Adler, um famoso psicólogo austríaco. "É entre esses indivíduos que se verificam todos os fracassos humanos."

Essa é uma declaração bem audaciosa, mas ela se baseia em fatos. Os maiores fracassos da humanidade, desde os campos de matança no Camboja até a quebra do banco Lehman Brothers, são resultado de pessoas interessadas apenas em si mesmas, e que se danem os danos colaterais aos outros.

São exemplos extremos, mas os casos do cotidiano são ainda mais perturbadores: o diretor jurídico que foi pego aceitando propina nunca pensou nos acionistas que contavam com aquelas ações para se aposentar. O atleta profissional que toma anabolizantes nunca pensa em como sua atitude vai afetar seus colegas de equipe, o futuro de seu time ou o esporte que ele diz amar. O marido e pai que foi pego mentindo estava mais interessado em preservar a vida dupla do que em proteger os sentimentos de sua família.

Mas essas derrocadas causadas pela tentativa de autopreservação têm a ver com mais do que catástrofes. Reflita sobre esta citação: "O indivíduo que não se interessa pelo seu semelhante passa pelas maiores dificuldades na vida." Adler explica que a vida egocêntrica é a mais difícil. A pessoa passa a vida em conflitos interpessoais. Tem poucos amigos de verdade. Exerce uma influência rasa e de curta duração.

Numa era em que somos recompensados por nos preocuparmos apenas com nossos interesses e transmiti-los aos quatro ventos, esse parece ser um princípio um tanto agourento, mas ainda vale a antiga máxima: "Quem exalta a si mesmo será humilhado e quem humilha a si mesmo será exaltado."[2]

Nossa eficácia ao lidar com os outros é, em última análise, uma questão de motivação e mercantilização. Afinal, por que você está se comunicando e o que pretende alcançar? Hoje as pessoas estão mais informadas e, portanto, mais intuitivas do que nunca. A maioria percebe de cara quando alguém só quer levar vantagem. Enxergamos truques a quilômetros de distância. Fugimos de pessoas dissimuladas ou desonestas e gravitamos em torno do que sentimos ser real e duradouro. Acolhemos as ideias que parecem ser benéficas para ambas as partes.[3]

Andrew Sullivan, um dos principais blogueiros comentaristas políticos do mundo, tem refletido sobre essas questões por mais de uma década.

Sullivan, que já foi o mais jovem editor-chefe da conceituada revista *New Republic*, foi diagnosticado como soropositivo do vírus HIV no início dos anos 1990, quando isso ainda equivalia a uma sentença de morte. Após deixar o cargo na revista, Sullivan tornou-se um dos primeiros grandes blogueiros políticos da internet, com seu site atingindo a impressionante marca de 300 mil visitantes por mês em 2003.

Um dos fatores que distinguiam Sullivan de seus colegas era a interação com seus leitores. Seu blog, *The Daily Dish*, não era apenas sobre política; ele queria leitores leais e queria saber mais sobre seus seguidores.

Assim, ele criou a ideia "View from Your Window" (A vista da sua janela), na qual pedia aos leitores que enviassem fotos do mundo fora de suas casas. "Eu queria ver o mundo deles", explicou. "Estava dando aos meus leitores acesso total ao meu mundo, mas o fato é que interações de via única são entediantes."[4] Esse gesto fez toda a diferença, e em pouco tempo fez seu relacionamento com os leitores deslanchar e se tornou a peça central da estratégia on-line do *Atlantic Monthly*, aumentando o número de acessos ao site em 30%. Assim, não foi surpresa que o grande número de seguidores do blog de Sullivan tenha se mantido quando ele o levou para a *Newsweek* e o *The Daily Beast*. As pessoas são atraídas por quem se importa com o que interessa a elas.

A ironia desse princípio – ter interesse nos interesses dos outros – é que ele é eficaz quando os outros pensam em si mesmos. Requer, essencialmente, que estejam interessados em si. Sobre isso há duas coisas a dizer.

Primeiro: o interesse pessoal em sua forma mais pura é parte da natureza humana – o instinto de lutar ou fugir é um fato. Esse princípio não nega a existência do interesse próprio. Ao contrário, indica que a maioria das pessoas, na maior parte do tempo, esquece o outro lado da equação humana – todas as outras pessoas. A maioria enxerga o interesse próprio como egoísmo ou autocentramento. Portanto, a eficácia desse princípio está diretamente ligada à dificuldade que os indivíduos têm de pensar no próximo em grande parte do tempo. Por outro lado, aquele que opta por se interessar diariamente pelos interesses dos outros acaba se destacando. Nós nos lembramos dessas pessoas, fazemos amizade com elas e passamos a confiar mais nelas. Em última análise, a influência nasce da confiança – quanto maior a confiança, maior a influência.

Segundo: o objetivo desse princípio não é se anular. O princípio não está dizendo "Substitua seus interesses pelos interesses dos outros", e sim "Demonstre interesse nos interesses dos outros", e esse é o segredo de sua aplicabilidade. Quando você incorpora os interesses dos outros aos seus - não só para ganhar mercado ou garantir audiência -, descobre que, ao ajudá-los, você atende a seus próprios interesses.

Veja o caso da autora best-seller Anne Rice, que já vendeu mais de 110 milhões de exemplares. Sua carreira decolou e alcançou um sucesso estável com seus famosos livros sobre vampiros, entre os quais *Entrevista com o vampiro*, que deu origem a um grande filme. Embora seja uma escritora bastante talentosa, muito de seu sucesso veio de seu interesse autêntico por seus leitores. Ela responde a cada mensagem deles. Para atender a essa demanda, chegou a empregar três pessoas ao mesmo tempo.

Seu interesse pelos outros nunca foi só para vender mais livros. "Eu tinha a impressão de que as pessoas eram gentis e generosas o suficiente para se interessarem por mim", explica. "Como poderia não corresponder? Eu queria que as pessoas soubessem que eu gostava de receber as cartas e que também gostava delas."[5]

Há pouco tempo, Rice entrou no Facebook e no Twitter, o que lhe permitiu ter contato direto com seus fãs. "Ah, é maravilhoso!", exclamou. "Conversamos sobre tantas coisas!"[6]

Ela chama a comunidade de "As pessoas da página" e recentemente escreveu: "Precisamos lembrar que o Facebook e a internet são aquilo que nós queremos que sejam. Esta página alcançou algo extraordinário e talvez único. É uma verdadeira comunidade, infinitamente mais poderosa do que a soma de suas partes, e agradeço a vocês por fazerem dela o que é: por participarem aqui de tantas discussões vitais e inspiradoras."[7]

Esse resultado é tão importante para o dono de um negócio quanto para autores e blogueiros. Em seu tratado cult favorito, *Bass-Ackward Business* (Negócio sem pé nem cabeça), o empresário Steve Beecham admite:

> Nunca me considerei um empresário brilhante [...] o país estava vivendo um dos maiores *booms* de refinanciamento de todos os tempos, e [...] mergulhei nisso de cabeça. Infelizmente, o refinanciamento secou antes de eu chegar à água. Passei seis meses sem fazer um

> negócio sequer, e, quando finalmente fechei um, foi com meu irmão [...] Em vez de recomeçar, procurei um meio de fazer o negócio funcionar. Foi quando minha sorte começou a mudar.[8]

Beecham já tinha fracassado em dois negócios antes – uma loja de varejo e uma empresa de reciclagem – antes de tentar o ramo de hipotecas. Ele tinha todos os motivos para empacotar tudo e voltar para a faculdade ou considerar a possibilidade de passar o bastão para outra pessoa, mas resistiu por tempo suficiente para ver que sua abordagem estava errada desde o início. Ele estava atrás de um negócio, quando deveria estar buscando relacionamentos.

Ele descreve um inesperado encontro num estacionamento com uma celebridade altruísta, que lhe ensinou o valor visceral de demonstrar interesse nos interesses dos outros:

> Antes de eu continuar falando, ele começou a me fazer perguntas [...] Onde você cresceu? Trabalha com quê? Fez faculdade de quê? Como se chamam seus filhos? Quando a conversa acabou, eu me sentia como se tivesse 3 metros de altura [...] De maneira sutil e despretensiosa, ele subiu no meu conceito.

Esse encontro ensinou a Beecham uma lição inestimável. Daquele dia em diante, ele passou a exigir de si mesmo que fizesse perguntas importantes e significativas a toda pessoa que conhecesse e a cada conhecido com quem não tivesse intimidade. "Mais especificamente, eu decidi me tornar um solucionador de problemas e um *promoter* [...] sem pedir nada em troca. Foi quando meu negócio começou não a dar a volta por cima, mas a decolar."

Em questão de meses, o trabalho de Beecham transformou-se em uma carreira lucrativa, e pouco tempo depois ele obteve tanto sucesso que se tornou o dono de uma companhia hipotecária que, desde sua fundação, permaneceu no topo do setor. Talvez o mais impressionante de tudo seja o fato de sua empresa ter se baseado inteiramente na propaganda boca a boca durante uma década. Ele estima que, a cada dia, uma em cada quatro ligações para seu escritório não tem nada a ver com hipoteca – e isso é algo de que ele se orgulha. Algumas pessoas telefonam para perguntar "Conhece alguma oficina de automóveis confiável?", "Aonde posso levar meus sogros para jantar?" e "Quem devo procurar para fazer um seguro de vida?".

Ele explica que essas pessoas ligam porque ele se tornou a referência numa grande rede local de amigos. "Não cheguei a esse patamar organizando seminários gratuitos sobre hipoteca ou estampando meu rosto em outdoors enormes", brinca Beecham. "Cheguei aqui ajudando pessoas sem tentar convencê-las a fazer negócios comigo. Foi por isso que Thoreau escreveu: 'A bondade é o único investimento que nunca falha.'"[9]

O mesmo espírito de relacionamento está ao alcance de qualquer um de nós, e isso vale para todas as interações. É mais do que normal conhecer outras pessoas e ficar a par de um problema que você pode ajudar a resolver ou um objetivo que pode ajudar a alcançar. Esse é o segredo simples que Beecham chama de "negócio sem pé nem cabeça". A verdade é que a maneira como a maioria se comporta nos negócios é que não tem pé nem cabeça.

Aquele velho ditado "uma mão lava a outra" não é exemplo de reciprocidade, e sim de barganha, uma trajetória completamente diferente que acaba com a magia que torna as interações tão memoráveis. É essa magia que nos atrai. Ela nos traz confiança e um sentimento genuíno de pertencimento e propósito.

Hoje simplesmente não há desculpa para não demonstrar interesse nos interesses dos outros. Mesmo que você não participe ativamente de clubes, grupos ou organizações locais onde se realizam interações presenciais, existem inúmeras oportunidades de descobrir as paixões e os interesses das pessoas. O que pode acontecer se você passar cinco minutos, todo dia, olhando a página do Facebook de três amigos, a biografia profissional de três clientes ou o blog de três funcionários que você ainda não teve tempo de conhecer bem? Para começar, certamente vai aprender algo que não sabia sobre eles. Também é provável que passe a gostar mais deles. Talvez vocês tenham interesses parecidos, o que serviria para conversas ou parcerias futuras. Talvez alguma dessas pessoas esteja passando por um período difícil; seria uma oportunidade para incentivá-la e demonstrar empatia. Talvez vocês tenham um amigo em comum, o que facilitaria o relacionamento, por já haver certo nível de confiança e porque talvez essa amizade se baseie nas experiências que os dois têm em comum com esse amigo. Nunca subestime a importância dessa afinidade.

"Tendemos a não gostar do que não conhecemos", escreveu em seu blog Amy Martin, fundadora da Digital Royalty e uma das "20 Mulheres Mais Influentes no Twitter" de acordo com a revista *Forbes*, após sua primeira experiência com a NASCAR.[10] "Muitas pessoas não entendem 'a monotonia de curvas à esquerda e *mullets*', referências ao fato de as pistas serem ovais sempre com curvas para a esquerda e ao corte de cabelo favorito dos pilotos." Ela estava inserida nessa cultura pouco antes de comparecer à corrida Daytona 500 em 2011. Pouco depois, publicou um post elogiando a NASCAR por alcançar um nível raro de conexão e influência autênticas com seus fãs:

> O que aprendi foi o seguinte: os pilotos fazem sessões de perguntas e respostas e autógrafos com os fãs no dia da corrida. O dia da Daytona 500 é o mais importante do ano para a NASCAR. Duvido que Brett Favre ficasse de conversa com milhares de fãs no dia da final do futebol americano. Recebi autorização para ir aonde quisesse. Fiquei empolgada por ter acesso ilimitado e, algumas vezes, com medo de atrapalhar as equipes. Eu estava bem no meio da ação e não era a única. Moral da história: os fãs têm acesso de verdade.

Quanto aos motivos que levam Martin a acreditar que a postura da NASCAR é uma estratégia inteligente para qualquer esporte, ela cita os seguintes:

- Acesso leva a conexão. (Fãs podem realmente conhecer a pista de corrida.)
- Conexão leva a relacionamentos. (Isso vale para todas as idades.)
- Relacionamentos levam a afinidade. (E é impossível fingir essa afinidade.)
- Afinidade leva a influência. (É por isso que tantas marcas são atraídas pela NASCAR.)
- Influência leva a conversão. (Esses fãs provavelmente vão comprar tudo o que o piloto vender.)

Martin encerra o post falando do alcance potencial da conexão autêntica da NASCAR com sua base de fãs – 150 mil torcedores nas arquibancadas mais 30 milhões assistindo pela TV – caso aproveitem a oportunidade oferecida pela era digital. "Se você aplica esse nível de acesso a uma audiência maior por meio das redes sociais, o potencial é enorme", explica Amy. "E se o mesmo acesso aos bastidores que é oferecido fisicamente aos fãs na Daytona 500 fosse disponibilizado para os bilhões de fãs em potencial [no Facebook, no Twitter e no YouTube] que não assistem à corrida pela TV?"[11]

O post de Martin conecta dois pontos-chave no que diz respeito à demonstração de interesse pelos interesses dos outros:

1. As relações humanas são sempre mais fáceis quando nascem de uma afinidade.
2. O potencial para formar laços nos relacionamentos é astronômico.

A questão é que você precisa ter um interesse autêntico pelos outros antes de esperar que alguém se interesse por você. "Se todas as outras condições forem iguais, as pessoas vão fazer negócios com aquelas de quem gostam", disse o escritor John Maxwell em uma entrevista recente. "E a verdade é que elas agem assim mesmo quando nem todas as outras condições são iguais." Gostamos de pessoas que gostam de nós. Assim, para que gostem de você, você deve demonstrar admiração pelo que os outros fazem e dizem.

Muitos vêm afirmando que as pessoas não se interessam mais pelas outras. O foco no "eu" domina nosso modo de pensar, agir e nos comunicar. Mas existem várias oportunidades de formar conexões, aprender mais, demonstrar interesse. Uma mudança na maneira de passar uma pequena parte do dia pode transformar radicalmente o modo como os outros percebem seu nível de interesse neles. Mudando sua estratégia de envolvimento do cliente você transformará radicalmente a visão do mercado sobre sua empresa.

Em vez de passar os dias buscando soluções para melhorar suas redes sociais, passe um tempo se relacionando com seus amigos, colegas e clientes. Escreva posts curtos e elogiosos. Interaja com eles e descubra como ajudá-los a resolver seus problemas ou quais objetivos pode ajudá-los a alcançar. Somos todos movidos pela dor e pelo prazer. Quando você é sincero na intenção de formar laços, aumenta suas chances de criar uma conexão significativa, e daí pode nascer uma colaboração progressiva e benéfica para todos. E, hoje em dia, as conexões e parcerias autênticas podem rapidamente se tornar contagiantes.

2

Sorria

É PRATICAMENTE IMPOSSÍVEL FAZER AS PESSOAS concordarem sobre qualquer assunto. Veja o caso da caminhada de Neil Armstrong na Lua, em 1969. No Reino Unido, apenas 75% das pessoas acreditam que isso é verdade.[1] Apenas 94% dos americanos acreditam que isso aconteceu.[2] Em países como o México, a China e a Indonésia, menos de um terço dos que responderam à pesquisa acreditam que a Al-Qaeda teve algo a ver com os ataques do 11 de Setembro. Nos Estados Unidos, 16% das pessoas acreditam que foram explosivos plantados nos prédios, não o impacto de aviões de passageiros, que derrubaram as torres gêmeas do World Trade Center.[3] Cerca de metade dos cidadãos da União Europeia acredita em Deus.[4]

Mas existe uma coisa que nos une. Segundo a Academia Americana de Cosmética Odontológica, 99,7% dos adultos acreditam que o sorriso é um importante ativo social.[5] Essa é uma estatística difícil de refutar, mesmo que seu trabalho não seja aprimorar sorrisos.

Somos atraídos por sorrisos e risadas. Alguns dos vídeos com mais visualizações no YouTube envolvem sorrisos. No primeiro, do Reino Unido, Harry, um menino de 3 anos, e seu irmão de 1, Charlie, estão brincando quando o mais novo agarra um dedo de Harry e o morde. Harry solta um gemido e recolhe o dedo. Enquanto isso, Charlie sorri, e esse sorriso acaba vencendo, pois Harry também sorri e depois os dois começam a dar risada.[6] O outro vídeo é da Suécia. Um bebê sorri, dá uma risada e começa a gargalhar enquanto ouve os sons bobos que seus pais estão fazendo. São quase dois minutos de tantas risadas que a criança parece prestes a ter cãibras no rosto.[7] O total de meio bilhão de visualizações nos diz tudo o que queremos saber: sorrisos enviam mensagens que gostamos de receber.

O ato de sorrir é inato, de acordo com Daniel McNeill, autor de *The Face: A Natural History* (O rosto: uma história natural). Segundo ele, algum tipo de sorriso surge pela primeira vez entre duas e 12 horas após o nascimento. Ninguém sabe se esses sorrisos têm motivo - McNeill acha que não -, mas estudos demonstram que são cruciais para criar um elo. O que ninguém discute, porém, é o poder do sorriso, não importa qual a origem.

McNeill comenta que, "embora juízes tenham a mesma probabilidade de condenar réus que sorriem e que não sorriem, eles dão penas menores a quem sorri, fenômeno chamado de 'efeito leniente do sorriso'".[8]

Sorrisos também são contagiantes. Nicholas Christakis, médico e sociólogo em Harvard, e James Fowler, cientista político na Universidade da Califórnia em San Diego, com especialização em redes sociais, publicaram um trabalho no *British Medical Journal* em 2008 intitulado "Dynamic Spread of Happiness in a Large Social Network" (Disseminação dinâmica de felicidade numa grande rede social). Eles sabiam que emoções podem ser transmitidas em curtos períodos de tempo de pessoa para pessoa, num processo conhecido como "contágio emocional". Mas o que queriam saber era o nível de extensão e a sustentabilidade com que a felicidade se dissemina entre os indivíduos.

Para isso, eles acompanharam 4.739 pessoas de 1983 a 2003. Elas integravam uma rede maior, composta de 12.067 pessoas, cada uma com 11 conexões em média (amigos, familiares, colegas de trabalho e vizinhos), e sua felicidade foi avaliada de poucos em poucos anos com base em uma medida padrão.

As descobertas dos pesquisadores confirmaram o impacto de uma pessoa feliz, sendo o sorriso uma consequência direta disso. Os grupos sociais, concluíram eles, têm dentro de si aglomerados de pessoas felizes e de pessoas infelizes que alcançam três graus de separação entre elas. Assim, a felicidade de uma pessoa está relacionada à felicidade de seus amigos, dos amigos de seus amigos e dos amigos dos amigos de seus amigos – isto é, envolve pessoas bem além de seu horizonte social. Descobrimos que pessoas felizes tendem a estar no centro de suas redes sociais e se localizam em grandes aglomerados de outras pessoas felizes. E descobrimos que cada amigo feliz adicional aumenta a probabilidade de uma pessoa ser feliz em 9%. Em comparação, ter 5 mil dólares a mais de renda (em 1984) aumentava a probabilidade de ser feliz em cerca de 2%. A felicidade, resumindo, não é apenas uma função da experiência pessoal, mas também uma propriedade de grupos.[9]

E quanto à vida depois de 2003? Será que nossos muros virtuais filtram nossas emoções em vez de estimulá-las? Será que a felicidade ainda pode ser disseminada no mundo virtual? A resposta, descobriram os pesquisadores, é sim – se pudermos ver quem está sorrindo.

Christakis e Fowler continuaram seu primeiro estudo observando um grupo de 1.700 universitários interconectados pelo Facebook. Eles avaliaram os perfis, determinaram quem eram seus amigos mais próximos e, dessa vez, estudaram as fotografias de cada um, observando quem estava sorrindo na foto e quem não estava. Depois, mapearam os retratos separando quem estava sorrindo de quem não estava. Cada estudante era representado por um nodo, e cada linha entre dois nodos indicava que os indivíduos conectados tinham sido marcados na mesma foto. Estudantes sorridentes (e cercados por pessoas sorridentes) foram coloridos de amarelo. Estudantes sérios (e cercados por outros com a mesma fisionomia) foram coloridos de azul. Por fim, nodos verdes indicavam uma mistura de amigos sorrindo e sérios em volta.

O mapa demonstrava claramente como os nodos amarelos (sorridentes) se aglomeravam entre si e os nodos azuis (sérios) também, além de apontar que os aglomerados amarelos eram muitos maiores e mais populosos do que os azuis. Os não sorridentes pareciam estar "localizados mais na periferia da rede", sobretudo nas extremidades do mapa.

Isso não foi surpresa para Christakis e Fowler, que comentaram:

A análise estatística da rede mostra que as pessoas que sorriem tendem a ter mais amigos (as sorridentes têm em média um amigo a mais, o que é muito bom, considerando que as pessoas têm em média apenas cerca de seis amigos próximos). Além disso, as análises estatísticas confirmam que os que sorriem estão nitidamente mais ao centro da rede, em comparação com os que não sorriem. Isto é, se você sorri, é menos provável que esteja na periferia do mundo on-line.

Nas considerações finais, após observar o grande número de aglomerados que cercavam pessoas sorrindo, e os nodos remotos e periféricos de pessoas sérias, os autores escreveram: "Parece que, tanto on-line quanto off-line, se você sorri, o mundo sorri com você."[10]

Existe uma razão simples para esse fenômeno: quando sorrimos, informamos às pessoas que estamos felizes pela presença delas, por encontrá-las, por interagir com elas. Por sua vez, elas se sentem felizes por estar na nossa presença. Para alguém que viu um monte de gente de cara fechada ou virando o rosto, seu sorriso é como o sol atravessando as nuvens, o mensageiro da sua boa vontade.

Claro que nem sempre estamos a fim de sorrir, mas se nos esforçarmos, não só deixaremos quem nos cerca mais felizes, como nós mesmos ficaremos mais felizes. Talvez você não seja uma pessoa especialmente exuberante e extrovertida, mas um simples sorriso custa pouco – e as recompensas são impressionantes.

Durante a década passada, à medida que os e-mails e as mensagens de texto superavam a comunicação oral, fomos seduzidos pela noção enganosa de que vivemos num deserto emocional. Empreendedores, empresários e muitos profissionais liberais podem conduzir negócios com o mínimo de presença pessoal. Muitos meios de comunicação atuais nos levam a esquecer, vez por outra, a importância de um sorriso.

De certa forma, as mensagens de texto e os e-mails são como as mensagens de telégrafo dos velhos tempos, que também tinham seus problemas. O ser humano tem uma forte propensão a sofrer com mal-entendidos.

Acrescente a isso a tecnologia e eles se tornam ainda mais inevitáveis. Se no passado os telegramas eram onipresentes, a tecnologia atual pode ser sufocante.

Em 1929, no auge do telegrama, foram enviados 200 milhões de mensagens. Em abril de 2010, cerca de 300 bilhões de e-mails eram enviados diariamente.[11] Faça a soma – uma enxurrada de mensagens de texto mais as mensagens instantâneas e os posts nas redes sociais diariamente no mundo inteiro – e você perceberá que é um milagre o mundo não ter caído na anarquia total.

Ainda bem que existem os sorrisos, que são mais eficientes para explicar nossas mensagens do que qualquer outra coisa – e isso também vale para os *emoticons*, os rostinhos que criamos com caracteres do teclado e que fornecem o contexto a nossas mensagens.

Reconhecendo as limitações desses símbolos, as três maiores empresas japonesas de telefonia celular – NTT DoCoMo, au e SoftBank Mobile – criaram os *emojis*, imagens coloridas que expressam uma ampla gama de emoções e símbolos para melhor emular a experiência do contato interpessoal presencial. O Google os adotou para sua plataforma de e-mails, o Gmail, e eles também foram rapidamente integrados aos celulares. Embora esses pequenos símbolos sejam cativantes, é improvável que sejam usados no nosso próximo e-mail para um membro da diretoria, um funcionário problemático ou um cliente em potencial. Os *emoticons* são muito utilizados em conversas casuais, e nesses contextos funcionam bem. Mas não há como manter o profissionalismo usando *emojis* em todos os e-mails corporativos, certo?

Não há dúvida de que exibir seu sorriso é muito eficaz, só que, como tantas das nossas interações não são mais presenciais, é preciso superar esse obstáculo e se mostrar amigável por meios virtuais. E isso pode ser mais simples do que você pensa.

Fora os *emoticons* e *emojis*, existe apenas um meio pelo qual você pode transmitir um sorriso a distância – suas palavras, escritas ou faladas. A maneira como você escreve um e-mail, o tom que usa, as palavras que escolhe são instrumentos cruciais para gerar empatia e consequentemente ganhar influência. Suas palavras escritas são como os cantos de sua boca: elas se curvam para cima, permanecem em linha reta ou se curvam para baixo. O efeito – se as palavras vão ajudá-lo ou não a ganhar amizades e influência – tem tudo a ver com a trajetória linear da emoção que suas palavras transmitem.

Sorria por meio de sua escrita e você informará às pessoas que o bem-estar delas é importante para você. Você e sua mensagem terão mais probabilidade de ser bem recebidos. Se você fechar a cara ao usar as palavras, os outros vão fechar a cara tanto para a mensagem quanto para o mensageiro.

Essas conclusões certamente não se aplicam aos casos em que é preciso adotar um tom mais sério. Mesmo assim, uma regra de ouro é garantir que a linearidade da mensagem seja para cima. Sempre comece e termine a mensagem com um tom positivo em vez de usar palavras pessimistas ou neutras. Duas pessoas juntas quase sempre terão um motivo para sorrir. Se você não consegue enxergá-lo, talvez precise esperar antes de mandar a mensagem escrita ou talvez seja melhor nem escrever. O número de relacionamentos prejudicados por mensagens insensíveis e impulsivas é tão grande quanto o de prejudicados por insultos ou críticas verbais.

A razão é simples: as palavras escritas e seus efeitos são permanentes, e, em grande medida, irrefutáveis. Mesmo que você não admita que seu e-mail foi negativo ou grosseiro, é quase impossível silenciar o efeito que ele teve no destinatário. E esse efeito pode se multiplicar rapidamente, prejudicando relações entre funcionários, departamentos e até mesmo cadeias de valor inteiras.

Segundo o periódico *Fast Company*, uma recente pesquisa sugere que tuiteiros felizes tendem a se agrupar. "Acima de muitos outros fatores que fazem as pessoas se juntarem, pessoas que estão tristes ou felizes tendem a se comunicar no Twitter com outras que se sentem da mesma forma."

A equipe do estudo, que conta com Johan Bollen, professor da Universidade de Indiana, analisou os tuítes de 102 mil pessoas durante seis meses, que somaram 129 milhões de postagens.

> A análise utilizou algoritmos-padrão emprestados de pesquisas psicológicas para avaliar o "bem-estar subjetivo" dos usuários a partir de seus tuítes, buscando tendências de palavras positivas ou negativas. Em seguida, foram observadas as tendências de agre-

gação e descobriu-se que as pessoas felizes retuítam e respondem mais a tuítes de usuários que também estão felizes. O mesmo vale para quem está infeliz.

A partir dessas descobertas, Bollen sugere que um tuíte é mais contagiante do que imaginamos "e expressa alegria ou tristeza com muita eficácia. As pessoas felizes tendem a preferir (em média) colegas tuiteiros felizes porque eles reverberam suas próprias emoções."[12]

O fato é um só: se você não é capaz de transmitir uma medida apropriada de emoção positiva numa mensagem escrita, é melhor deixar a página em branco ou talvez inserir um *emoji* (em detrimento de sua reputação profissional). Em outras palavras, há coisas piores do que ser considerado meio antiprofissional. O objetivo é evitar a qualquer custo escrever algo que seja mal recebido. E isso é possível. Talvez seja hora de repensar o valor das habilidades de escrita que seus professores diziam que um dia seriam necessárias. Afinal, eles tinham razão.

A outra maneira de transmitir sua voz digital – suas palavras faladas – também tem sérias implicações. Sua forma de falar, seu tom de voz e as palavras que escolhe frequentemente expressam mais do que o conteúdo em si. Talvez você já tenha lido o seguinte trecho de Ralph Waldo Emerson: "Seus atos falam tão alto que quase não consigo ouvir uma só palavra do que você está dizendo." Da mesma forma vale lembrar: "Seu tom de voz é tão alto que quase não consigo ouvir uma só palavra do que você está dizendo."

Afirmar que está feliz por falar com alguém por telefone não adianta nada caso você fale com o mínimo de movimento facial e sem um tom de voz positivo. Você simplesmente dará a impressão de que está entediado ou ocupado com algo mais importante. Ou até pior: vai parecer que não queria falar. O primeiro passo para evitar situações como essa é começar a falar da mesma forma que faria se estivesse diante da pessoa.

Diversos estudos comprovam que o ato físico de sorrir, mesmo que por telefone, melhora efetivamente o tom de voz em que suas palavras são transmitidas. Não é coincidência que um dos princípios que todos os professores de oratória, canto e narração incutem em seus alunos é o de que a voz soa mais prazerosa, mais convidativa e mais convincente quando você está sorrindo. Em outras palavras, o sorriso é transmitido de alguma forma, quer a outra pessoa esteja vendo seu rosto ou não.

Para exercer uma influência que provoque uma mudança positiva, é necessário abrir as portas para relações humanas saudáveis. Um sorriso abre essa porta, seja ele visível, escrito ou verbalizado.

Rosalind Picard, professora no Laboratório de Mídia do MIT, é internacionalmente conhecida por seu livro *Affective Computing* (Computação afetiva), sobre como prover qualidades de tecnologia emocional que ajudem as pessoas a se comunicarem de maneira mais eficaz. Os avanços que ela destaca não são nada menos que assombrosos – máquinas com "rostos" capazes de responder apropriadamente a broncas ou elogios, incentivos ou repreensões.[13]

Claro, essas máquinas apenas respondem a comandos pré-programados, de modo muito semelhante a monitores de computador quando uma tecla é pressionada. As máquinas imitam estímulos físicos, palavras e tons de voz, mas não sentem nada. Vale notar que humanos são capazes de programar essa tecnologia. Esse fato, por si só, é uma prova convincente de que conhecemos as respostas a estímulos, palavras e tons de voz. Funcionamos da mesma maneira que nossas tecnologias, com a diferença de que são os nossos sentimentos que dão partida ao processo. Segundo o especialista em mídia Chris Brogan:

> Existem dois tipos de pessoas: as que consideram computador/internet/botões algo ligado a humanos, seres sencientes, e as que pensam que estão apenas on-line e não estão ligadas. É como dizer que o telefone é apenas uma coisa que usamos para falar e que ali dentro não existe emoção. Não se está apenas on-line. As pessoas associam sentimentos a esses lugares "distantes".
>
> Sim, as pessoas reagem de forma exagerada. Nisso concordamos. Mas fazer pouco das emoções só por causa do meio de comunicação é como negar a emoção que existe em cartas, telefonemas, fotografias, etc. Muitas coisas acontecem longe de nós e mesmo assim geram consequências.

Acredito que existem duas mentalidades em ação e muitas vezes a constatação disso descreve a situação em que um lado se sente incompreendido. Mas, se você se lembrar desse detalhe e descobrir com qual dos dois tipos de pessoa está lidando [e descobrir também como você é visto pelo outro], a situação já pode melhorar.[14]

Emoções são dádivas (e fardos) infinitas que os humanos carregam. Isso pode ser animador ou desanimador. E sua boca tem muito a dizer a respeito dessa escolha.

Certa vez, alguém disse que um sorriso

não custa nada, mas cria muito. Enriquece aqueles que recebem sem empobrecer quem dá. Acontece em um piscar de olhos, mas a lembrança às vezes dura para sempre. Ninguém é tão rico que possa dispensar nem tão pobre que não enriqueça com seus benefícios. Ele cria a felicidade no lar, alimenta a boa vontade nos negócios e inspira a amizade entre as pessoas. É repouso para os exaustos, luz para os desanimados, sol para os tristes e o melhor antídoto da natureza contra os problemas. No entanto, não pode ser comprado, pedido, emprestado ou roubado, pois não existe até que alguém o dê. E se, na correria das compras de último minuto do Natal, alguns de nossos vendedores estiverem cansados demais para sorrir, podemos pedir que você nos deixe um de seus sorrisos? Pois ninguém precisa tanto de um sorriso quanto aqueles que não têm mais nenhum para dar![15]

Sorria. O sorriso aumenta seu valor.

3

Grave os nomes

EM 10 DE MARÇO DE 2010, um comunicado percorreu as redes da Quinn Emanuel Urquhart Oliver & Hedges, uma das 100 firmas de advocacia mais respeitadas de acordo com a lista da *American Lawyer*. John Quinn e Eric Emanuel, que tinham fundado a companhia 25 anos antes, estavam nomeando uma nova sócia: Kathleen M. Sullivan.

Sullivan, uma das maiores litigantes dos Estados Unidos e ex-reitora da Faculdade de Direito da Universidade de Stanford, tinha credenciais de Cornell, Harvard e Oxford. Havia sido professora da primeira-dama Michelle Obama em Harvard e era louvada por sua mente jurídica, sua sagacidade e seu talento. Seus adversários reconheciam que ela era uma dura opositora. Sua nomeação foi muito merecida.

Assim como todas as empresas, de tempos em tempos as firmas de advocacia fazem mudanças em seus negócios. Associados vêm e vão, assessores e assistentes também. Rodízio de sócios é algo mais raro, mas não se pode dizer que é incomum.

Mas por que essa nomeação foi tão significativa?

Kathleen Sullivan não foi apenas nomeada sócia; ela entrou no nome da firma, que seria chamada, dali em diante, Quinn, Emanuel Urquhart & Sullivan. Ser um sócio nominal de um escritório de advocacia é especialmente significativo, ainda mais quando se trata de uma firma de prestígio. Mas o que transformou a nomeação de Sullivan em algo raro foi o fato de ela ter se tornado a primeira mulher a ter o próprio nome inserido no nome de uma das 100 principais firmas de advocacia dos Estados Unidos.

Desde 1870, quando Ada H. Kepley se tornou a primeira mulher a se graduar numa faculdade de direito, até 2010, nenhuma firma importante havia aberto espaço para o nome de uma mulher. Mas isso acabou. O nome de Sullivan foi incluso, e uma barreira, rompida.

Quinn escreveu: "A inclusão do nome de Sullivan na firma reflete a integração de nossas práticas de julgamento e apelação e nossa força como uma firma jurídica de porte nacional." Existe poder no nome de uma pessoa. Um nome é muito mais do que uma palavra: é um símbolo verbal de algo mais profundo e significativo. E isso não vale só para inovadores e pioneiros como Kathleen Sullivan.

Da literatura antiga à moderna, nomes de pessoas não são meramente pseudônimos; são uma revelação de caráter, personalidade e destino. Apolo, Abraão e Atticus; Cosette, Scarlett, Cinderela e Poliana. Na Roma antiga, a relação entre o nome e a pessoa era tão forte que, quando o nome de um criminoso era retirado do registro civil, todos os seus direitos de cidadania desapareciam. Até hoje, certas tribos africanas acreditam que o nome de um indivíduo é a força primordial que determina seus talentos, suas decisões e, em última análise, seu destino.

Existe atualmente algum motivo para crer que o nome de uma pessoa seja menos importante? Talvez seja até mais, mas no contexto comercial se tornou fundamental. Isso pode trazer oportunidades, mas também problemas.

Na era digital, nomes são como logos de companhias: identificam não só a pessoa, mas também o que ela representa - curtidas e descurtidas, seguidores e compartilhamentos. Os bilhões de usuários do Twitter, do Facebook e do Instagram certamente querem ter suas vozes ouvidas, mas também querem que o mundo conheça seu nome. O Twitter e o Facebook, em especial, fizeram mais do que simplesmente promover a economia com base na informação: criaram um novo tipo de economia com base em nomes, na qual somos amplamente conhecidos pelo nome que mostramos ao mundo. Hoje em dia esse tipo de reconhecimento pode ser monetizado.

Nas redes sociais, seu valor comercial é calculado com base no número de seguidores. À medida que aumenta, aumentam também os contratos de publicidade, os acordos para anúncios e patrocínios. Ree Drummond, blogueira que entrou para a lista dos 100 melhores blogs da Technorati, é um grande exemplo disso.

Estudante de direito na Universidade da Califórnia em Los Angeles, com planos de advogar numa cidade grande, Ree Drummond conheceu e se casou num "*pit stop*" em Oklahoma, como ela mesma diz. Os planos de se formar em direito em Chicago foram por água abaixo, e ela se mudou para o rancho de seu marido - propriedade que estava na família havia quatro gerações.[1]

Drummond começou a escrever no blog em 2006, a fim de manter seus amigos e a família informados de sua vida inesperada mas agradável. Em 2009, tinha aproximadamente 2 milhões de leitores e um tráfego mensal no site que ultrapassava oito dígitos. Em 2010, tinha dois lucrativos contratos de publicação de livros e, com isso, dois best-sellers na lista do *The New York Times*. Estava ganhando cerca de 1 milhão de dólares por ano somente com a venda de anúncios no blog.[2]

Claro que nossos próprios nomes podem ter valor hoje em dia, mas saber o nome dos outros pode levar a um sucesso maior. Dave Munson, fundador da Saddleback Leather Company, sabe disso muito bem. Era professor de inglês voluntário no México quando teve sua primeira pasta de couro feita a partir de um design que projetou para um fabricante de objetos de couro local. A pasta chamou tanta atenção nas ruas de sua cidade, Portland, no Oregon, que ele decidiu voltar ao México imediatamente e encomendar mais. Um mês depois, Munson retornou a Portland com oito pastas e, no bagageiro de teto de seu velho Land Cruiser, vendeu todas em três horas. Nascia ali a Saddleback Leather Company e, com ela, o objetivo de "amar as pessoas em todo o mundo criando designs de couro de excelentíssima qualidade, resistentes e funcionais".[3]

O segredo? Munson frequentemente atende ligações de clientes no celular e responde a perguntas on-line pelo telefone ou por e-mail; também viaja para o México várias vezes por ano para manter o elo com os fabricantes de artigos de couro que produzem suas pastas e bolsas. E as visitas não são meras encenações: "Eu abraço os trabalhadores e pergunto como posso rezar por eles", explicou Munson em uma entrevista recente. "Lembro que, quando comecei a fazer as viagens, aqueles homens ficavam impactados por eu chamá-los pelo nome e me sentar com eles para conversar sobre suas vidas. Um deles ficou com os olhos marejados. Acabei ficando também."[4]

Munson não compartilha essas histórias pessoais em seu blog ou como estratégia de marketing porque acredita que prometer fazer é diferente de simplesmente fazer acontecer. Segundo ele, a Saddleback tem orgulho de continuar sendo um negócio familiar, apesar de vender milhões de dólares anuais em produtos de couro. "Ouvi histórias de terror sobre muitos negócios pequenos e bem-sucedidos que, movidos pela ganância, tentaram se tornar gigantes e fracassaram", escreve Munson. "Não somos assim. Somos e nos manteremos uma família de donos de produtos de couro com amor. Quase todo dia converso com minha linda mulher sobre os diferentes donos de pastas com quem temos andado. Queremos saber o nome deles."[5]

Esse nível de toque pessoal – que põe nomes de pessoas à frente de nomes de produtos e de lucros – nos faz supor que a Saddleback Leather Company terá vida tão longa quanto suas pastas de couro, que vêm com a seguinte frase: "Elas estarão inteirinhas mesmo depois de você morrer."

As oportunidades de ser conhecido pelas pessoas e de conhecê-las são, em última análise, dois lados da mesma moeda. Primeiro vem a criação da marca – sua apresentação às pessoas. Depois, a construção de relacionamentos – a interação entre você e as pessoas. O interessante é que você pode dispensar o primeiro passo e ainda assim ser bem-sucedido. Você pode ser tão bom na construção de relacionamentos que suas interações fazem nascer e sustentam sua marca. Só que o inverso não é possível: não há como sustentar seu negócio com base apenas na marca, dispensando a construção de relacionamentos. Ao fim e ao cabo, fazer negócios ainda tem a ver com uma pessoa se relacionando com outras. O Sr. Bates de Watkinsville, Georgia, viveu isso em primeira mão.

Ele é dono de uma empresa que sempre leva seus principais fornecedores de fora da cidade ao Bones, um restaurante famoso dos arredores de Atlanta localizado a mais de 100 quilômetros de sua sede. Mas essa lealdade ao restaurante não nasceu de seu cardápio delicioso; começou com um garçom chamado James.

Quando o Sr. Bates e um fornecedor ocuparam uma mesa do restaurante certa noite, James aproximou-se imediatamente. "Olá, Sr. Bates", cumprimentou ele. "Obrigado por escolher o Bones. É um prazer tê-lo de volta."

Ouvindo o Sr. Bates descrever a cena, percebe-se que ela foi importante para ele. "Esse momento mudou toda a experiência daquele jantar e fez o restaurante ficar gravado na minha mente. Eu tinha jantado ali apenas uma vez, seis meses antes, mas James não só sabia meu nome como também arranjou tempo para descobrir que eu já havia estado lá. Eu estava longe de ser um cliente assíduo, mas foi o que esse pequeno gesto me fez sentir. É aquela velha história: devemos tratar a pessoa como queremos ser tratados.

Para um gesto tão pequeno, os dividendos foram grandes. "Agora não levo meus fornecedores a nenhum outro lugar", revelou o Sr. Bates. E a julgar pela popularidade do Bones, parece que muitos outros clientes compartilham desse sentimento.

Esta é, nos negócios, a principal recompensa por memorizar os nomes das pessoas: elas se lembram de você. Quando você esquece os nomes está pedindo para ter problemas nos negócios.

Uma das primeiras lições que um político aprende é: "Lembrar o nome de um eleitor é um ato digno de um estadista. Esquecer é estar fadado ao esquecimento." Esse é um traço compartilhado pela maioria dos grandes líderes. Lincoln, Churchill, Bonaparte: esses homens imaginaram formas de lembrar os nomes das pessoas com uma consistência surpreendente. Com isso, conscientemente ou não, evocavam um famoso dito de Emerson: "Boas maneiras são feitas de pequenos sacrifícios."[6]

Para gravar nomes, alguns sacrifícios podem ser necessários. Napoleão III, imperador da França e sobrinho do grande Napoleão, gabava-se de lembrar os nomes de todas as pessoas que conhecia, apesar de suas inúmeras obrigações reais.

Como? Se não ouvisse o nome com clareza, ele dizia: "Perdão. Não ouvi bem o seu nome." Se fosse um nome incomum, emendava: "Como se soletra?"

Durante a conversa, ele se dava ao trabalho de repetir o nome diversas vezes e tentava associá-lo mentalmente aos traços, à expressão e à aparência da pessoa. Se fosse alguém importante, Napoleão ia ainda mais longe. Assim que ficava sozinho, escrevia o nome num papel, olhava para ele, concentrava-se, memorizava com segurança e, por fim, rasgava o papel. Assim, guardava uma impressão visual do nome, além da auditiva.[7]

Hoje nossos desafios nessa área são muito maiores do que o de Napoleão III. Diversos estudos mostram que a única coisa pior que a TV para nosso nível de concentração é a internet. Um borrão composto por tuítes, postagens no Facebook e no Instagram, e-mails, mensagens instantâneas e páginas da web está começando a reorganizar nossos cérebros.

Em 2010, numa edição da revista *Wired*, Nicholas Carr revelou que um professor da Universidade da Califórnia em Los Angeles tinha descoberto que apenas cinco horas na internet bastavam para reorganizar os caminhos neurais das pessoas. Segundo Carr:

> Dezenas de estudos de psicólogos, neurobiólogos e educadores apontam para a mesma conclusão: quando usamos a internet, entramos num ambiente que promove uma leitura corrida, um pensamento apressado e distraído e um aprendizado superficial. Embora nos ofereça acesso fácil a um número infinito de informações, a internet vem nos tornando pensadores superficiais, literalmente alterando a estrutura do cérebro.[8]

Em 2010 o famoso crítico de cinema Roger Ebert escreveu: "Atualmente existe uma impaciência irrequieta na nossa sociedade."[9] Ele tem razão, mas isso não serve de desculpa para esquecermos os nomes das pessoas. Em vez disso, nos apresenta um desafio. À medida que mais e mais pessoas sofrem para gravar nomes, a vantagem dos que lembram se torna enorme.

E como fazer isso?

Existem várias maneiras fáceis. Em vez de usar os cumprimentos de sempre, vazios e truncados como "Oi" ou "Olá", passe a cumprimentar falando o nome da pessoa: "Oi, Robin", ou "Bom dia, Robert". Ao fazer isso, use a técnica de Napoleão e visualize o rosto da pessoa. Se você aceitou o conselho do capítulo "Demonstre interesse nos interesses dos outros", grave isso em sua mente também. "Robert é casado, tem três filhas e gosta de ler Hemingway." É um exercício simples que não só o ajudará a cumprimentar

Robert pelo nome na próxima vez que interagirem como o ajudará a vê-lo fora do contexto dos negócios.

Uma dica rápida: antes de usar os nomes das pessoas, certifique-se de que sabe quando devem ser usados. Muitas pessoas costumam ser conhecidas por mais de um nome. O famoso empresário Richard Branson é "Richard" para os amigos, "Sr. Branson" para os conhecidos e "Sir Richard" para muitos britânicos. Mesmo que nossa sociedade seja muito menos formal do que a inglesa, usar o nome de uma pessoa fora do contexto é uma boa maneira de começar um relacionamento com o pé esquerdo.

Susan ou Suzie? O melhor conselho é não adivinhar. Não chame ninguém pelo apelido por e-mail, a menos que o próprio destinatário tenha se apresentado assim, tenha pedido para ser chamado dessa forma ou se referido a si mesmo pelo apelido numa mensagem de voz ou de texto ou num e-mail enviado a você. Se não foi apresentado e nunca se correspondeu com essa pessoa, descubra como ela é chamada por outros na mesma posição que a sua. Não se fie na forma como ela é chamada por amigos do Facebook ou do Twitter – a essa altura você ainda não é amigo dela e não tem permissão para tratá-la de modo informal. Em vez disso, veja como a pessoa se refere a si em seu site, blog ou perfil. Se ela escreveu um artigo e assinou, use o nome que está na tela.

Não devemos esquecer que as pessoas estão mais interessadas no próprio nome do que em todos os outros juntos. Grave esse nome e use-o com naturalidade, assim você cumprimentará a pessoa de forma sutil e muito eficaz. Por outro lado, se esquecê-lo ou soletrá-lo errado, ficará em grande desvantagem.

Enquanto muitos escolhem a alternativa mais segura e usam "senhor", "senhora", etc., caia nas graças dessas pessoas lembrando e usando o nome delas. Muitas das armadilhas em que tememos cair ao cumprimentar alguém são facilmente evitáveis com poucos minutos de pesquisa. Será que não vale a pena gastá-los se isso significa destacar-se na multidão e causar uma impressão melhor do que a maioria das pessoas?

Se você quer que os outros gravem e usem seu nome, é preciso fazer um pequeno investimento. As pessoas leem e ouvem nomes de toda espécie o dia inteiro – de indivíduos, empresas, marcas, ruas e lojas. O que faz com que o seu se destaque? Na maioria das vezes, são as emoções que as pessoas associam a seu nome. Se você é só mais um garçom num restaurante qualquer em Atlanta – uma área metropolitana com mais de 5 milhões de habitantes –, será tão lembrado quanto os números da placa do seu carro ou a cor da sua camisa. Seu nome não despertará emoções que gerem conexões com você. Não é coincidência que o Sr. Bates também tenha guardado o nome de James. O Sr. Bates estima que jante fora cerca de 12 noites por mês. Ao ser perguntado se lembra os nomes de outros garçons, ele respondeu: "Tem dias em que quase não me lembro do meu."

Nunca devemos esquecer que existe magia no nome de uma pessoa e que o nome dela pertence somente a ela, a ninguém mais. É uma marca pessoal. Após a dádiva da vida, o nome é a segunda dádiva que uma pessoa recebe. Quando essa palavra é usada numa conversa, o assunto que discutimos ou a conexão que buscamos passam a ter mais importância.

Talvez a melhor evidência disso esteja num consultório. No ramo médico, existe um debate quanto às ocasiões em que se deve usar o primeiro nome. Será que usar o primeiro nome não personaliza demais as interações que deveriam ser apenas profissionais? Ou será que chamar o paciente pelo primeiro nome ajuda no processo de cura, sobretudo ao discutir prognósticos muito difíceis?

Parece que a maioria dos médicos acredita que o profissionalismo é importante e que é melhor evitar chamar o paciente pelo primeiro nome. Mas os consultórios médicos são lugares em que, em geral, os pacientes se sentem desumanizados. Eles são arquivos e casos, não rostos e sentimentos. Muitas vezes seus nomes são pronunciados incorretamente ou confundidos, o que ressalta ainda mais uma falta de conexão potencialmente perigosa.

Um médico conceituado decidiu ir na contramão dessa tendência.[10] O Dr. Howard Fine é chefe do programa de neuro-oncologia nos Institutos Nacionais de Saúde dos Estados Unidos. Nesse cargo, realiza pesquisas originais, supervisiona e distribui todos os fundos das instituições e é o médico que atende quantos pacientes de câncer no cérebro queiram se consultar com ele – e gratuitamente, pois o programa é governamental.

Quando os pacientes chegam à primeira consulta, em geral estão desesperados. Já viram as estatísticas na internet. Já ouviram histórias de terror. O Dr. Fine considera parte de sua missão restaurar a esperança – uma esperança responsável. E a maneira como lida com os nomes tem um papel primordial nesse processo.

Ele avalia que tenha tido mais de 20 mil pacientes ao longo dos anos, e um dos modos que escolheu para interagir foi se apresentar como Howard Fine, sem o título de doutor. A partir daí os pacientes são incentivados a tratá-lo pelo primeiro nome. Isso leva o relacionamento a outro nível, no qual ele não é mais um médico desapegado que tenta evitar que eles morram, e sim um amigo altamente instruído, um sábio confidente e um defensor feroz que lutará por sua total recuperação. Ele não quer enganar os pacientes dando a eles esperanças vãs. Em vez disso entende que compartilhar os fatos é importante e também comovente para seus pacientes, e que estabelecer uma relação de confiança é essencial para o bem-estar das pessoas. Mais do que de um médico, pacientes de tumor cerebral precisam de um conselheiro confiável que os compreenda. E é mais fácil conseguir isso quando o médico se coloca no nível deles, como um ser humano que tem um forte desejo de viver.

Qualquer médico pode facilmente se sentir empoderado ao ser chamado de "doutor". Em grande parte, o que faz o programa de Fine ser a joia da coroa dos Institutos Nacionais de Saúde, segundo um dos diretores, é o fato de ele reconhecer que os primeiros nomes são mais poderosos e importantes do que cargos desinteressantes ou títulos concedidos pelos outros. É por isso que Carnegie insiste em dizer que nomes são "o som mais agradável e mais importante de qualquer idioma".

4

Ouça mais

COMO CONSEGUIR O EMPREGO, GANHAR O CLIENTE, aumentar sua influência e não perder 180 milhões de dólares no mercado de capitais? Ouça.

Em março de 2008, uma banda canadense desconhecida estava a caminho do Nebraska para uma turnê de uma semana. O primeiro trecho do voo da United Airlines pousou em Chicago. Quando começaram a descarregar o avião, ouviram uma mulher exclamar atrás deles: "Estão jogando as guitarras lá fora!" Os músicos olharam pelas janelas da aeronave e viram com os próprios olhos. A mulher tinha razão: as guitarras estavam sendo arremessadas, caindo e sendo novamente arremessadas nos carrinhos de bagagem.

Uma das guitarras custava 3.500 dólares e pertencia ao vocalista da banda, Dave Carroll, que imediatamente tentou contar o que estava acontecendo a uma aeromoça.

Em seu site, Carroll explica que ela o interrompeu, dizendo: "Não fale comigo. Fale com o agente responsável lá fora."

Carroll saiu, e o funcionário nem sequer se dispôs a ouvir sua reclamação. Um terceiro desdenhou dele, dizendo: "É por isso que obrigamos os passageiros a assinar o documento de isenção de responsabilidade." Ele explicou que não tinha assinado o documento e que documento algum serviria de desculpa para o que muitas pessoas no avião tinham testemunhado. A aeromoça sugeriu que ele esperasse chegarem a Omaha, no Nebraska, para reclamar com alguém.[1]

Ao abrir o estojo da guitarra, Dave Carroll descobriu que ela havia sido seriamente danificada. E assim começou uma odisseia que durou um ano, na qual ele tentou encontrar alguém que o ouvisse na United Airlines.

Durante esses 12 meses, cada funcionário com quem Carroll falou lhe disse o que fazer, mas nenhum deles se deu o trabalho de ouvi-lo. Em certo momento, pediram que ele levasse a guitarra a Chicago para inspeção. O problema é que já havia muito tempo que ele voltara para sua casa no Canadá, a cerca de 2.400 quilômetros de Chicago.

Nesse meio-tempo, Carroll mandou consertar a guitarra por 1.200 dólares. Era um músico profissional e precisava do instrumento de trabalho. Só que o som já não era mais o mesmo.

Ele disse à United que aceitaria uma indenização no valor do conserto. A solicitação entrou por um ouvido e saiu pelo outro.

Mas um compositor sempre tem duas coisas: algo a dizer e um modo de dizer. Se a United não estava lhe dando ouvidos, talvez seu público o ouvisse.[2]

Assim, Carroll compôs uma canção chamada "United Breaks Guitars" (United quebra guitarras), e, em 6 de julho de 2009, subiu o videoclipe no YouTube. Esperava ter 1 milhão de visualizações no primeiro ano, porém o número foi muito maior: quase 4 milhões duas semanas após o lançamento. Em questão de dias, o jornal *The Times* de Londres revelou: "As nuvens carregadas que se juntaram devido a uma RP ruim fizeram o preço das ações da United Airlines estolar em pleno voo, caindo cerca de 10%, o que custou aos acionistas 180 milhões de dólares. Com esse valor, aliás, seria possível comprar mais de 51 mil guitarras para substituir a de Carroll."[3]

O poder de ouvir é o poder de mudar corações e mentes. Indo além, é o poder de dar às pessoas o que elas mais desejam: respeito e compreensão.

O fundador da Seesmic, Loïc Le Meur, acredita que a ideia de campanhas de publicidade on-line está ultrapassada. A chave para as empresas é um "programa de relacionamento a longo prazo" que as ajude a escutar os consumidores.[4]

O problema é que as campanhas de publicidade on-line prometem muito. Identificam um perfil demográfico como nenhum outro meio é capaz de fazer. Sua empresa quer uma programadora de computador de 23 anos de idade que goste de tecer cestas? É quase certo que exista um site onde você possa encontrá-la. Essa capacidade de definir e encontrar determinado perfil é um sonho antigo de todos os publicitários. Como poderia não dar certo?

Segundo Le Meur, não dá certo simplesmente porque não é fabricando impressões ou exposição que o mundo funciona.[5] Ele funciona quando paramos para ouvir e, com isso, construímos confiança. É um processo lento, mas que sempre gera bons frutos.

Durante os momentos mais sombrios da Guerra Civil, Lincoln escreveu para um velho amigo em Springfield, Illinois, pedindo que ele fosse a Washington. Na carta, alegava que tinha alguns problemas que gostaria de discutir. O antigo vizinho apareceu na Casa Branca, e Lincoln discorreu durante horas sobre a conveniência de fazer uma proclamação libertando os escravos. Examinou todos os argumentos a favor e contra a medida, depois leu cartas e artigos de jornal, alguns denunciando-o por não ter abolido a escravidão e outros com medo de que ele promovesse a abolição. Horas depois, Lincoln apertou a mão do homem, despediu-se e mandou-o de volta para Illinois sem sequer pedir sua opinião. O encontro foi praticamente um monólogo de Lincoln. Pareceu ajudá-lo a enxergar o assunto com mais clareza.

"Ele estava mais tranquilo depois da conversa", comentou o velho amigo.

Lincoln não queria conselhos. Queria apenas um ouvinte amistoso e simpático com quem pudesse desabafar. Isso é o que todos queremos quando estamos com problemas. A questão é se você tem discernimento suficiente para ser um aliviador de fardos.

Quando o presidente Coolidge se tornou vice-presidente, Channing H. Cox o sucedeu como governador de Massachusetts e foi a Washington visitar seu antecessor. Cox ficou impressionado ao saber que Coolidge atendia uma longa lista de visitantes todo dia e terminava de trabalhar às cinco da tarde, enquanto ele ficava preso no gabinete até as nove da noite.

– Por que essa diferença? – perguntou Cox.

– O problema é que você também fala – respondeu Coolidge.[6]

O poder de ouvir, assim como o de sorrir, é forte. Quando você ouve prestando atenção, não apenas causa uma boa impressão imediata como constrói uma ponte sólida para uma conexão duradoura. Quem não quer estar com alguém que deixa de lado os próprios pensamentos para valorizar os do interlocutor?

Um dos maiores ouvintes dos tempos modernos foi Sigmund Freud. Um homem que o conheceu descreveu seu modo de ouvir as pessoas:

> Foi algo tão marcante que nunca esquecerei. Ele tinha qualidades que nunca encontrei em nenhum outro homem. Eu jamais havia visto uma atenção tão concentrada. Não tinha essa coisa do "olhar agudo que penetra na alma". O olhar dele era suave e acolhedor. Ele falava baixo e com calma. Pouco gesticulava. Mas a atenção que me deu, o modo como parecia absorver minhas palavras mesmo quando eu não me expressava bem, era extraordinária. Você não faz ideia do que significa ser ouvido dessa forma.[7]

Pode-se alegar que pessoas como Freud, Lincoln e outros viveram numa época em que isso era mais fácil. O mundo era menor e certamente mais controlado. Esse argumento é válido, mas não serve como desculpa.

Sim, vivemos numa era globalizada e muito mais indomada, mas fomos nós que a fizemos assim. Portanto, podemos fazer essas características trabalharem a nosso favor. Infelizmente, parece que muitos ainda não perceberam isso.

Nosso círculo de influência cresceu para muito além de nossos vizinhos e colegas e passou a englobar, sobretudo por causa das redes sociais, grande parte de todos os nossos relacionamentos ao longo da vida. O problema é que a maioria das pessoas se sente oprimida pela abrangência de uma rede de centenas, senão milhares de contatos. E, apesar do crescente número de pessoas que poderíamos ouvir, o número de pessoas que de fato ouvimos vem diminuindo.

Um estudo recente da *American Sociological Review* revela que as pessoas estão ficando mais isoladas socialmente do que eram 20 anos atrás:

> No total, o número de pessoas que os americanos têm em seu círculo mais íntimo de confidentes caiu de cerca de três para cerca de duas [...] Enquanto aproximadamente três quartos das pessoas relataram

que tinham um amigo em quem podiam confiar em 1985, em 2004 só metade afirmou que poderia contar com esse apoio. O número de pessoas que disseram ter um vizinho como confidente caiu em mais de 50% - de cerca de 19% para cerca de 8% no período.[8]

"Não estamos dizendo que as pessoas estão completamente isoladas", comenta Lynn Smith-Lovin, socióloga da Universidade Duke que ajudou a conduzir o estudo. "Essas pessoas podem ter 600 amigos no Facebook [...] e enviar e-mails a 25 pessoas por dia, mas não estão falando de assuntos importantes em nível pessoal."[9]

Mais do que quando o livro de Carnegie foi publicado originalmente, em 1936, hoje existe uma forte demanda de pessoas que reservam tempo para ouvir, resistem à "impaciência irrequieta" predominante na atualidade e consideram os outros mais importantes do que o progresso. Claro que é um absurdo acreditar que dá para fazer progresso sem a fidelidade de outras pessoas, mas em geral só enxergamos isso quando elas nos obrigam - com seus olhos, sua boca e suas carteiras de dinheiro fechados.

Existem poucas dicas novas para criar melhores ouvintes, seja no âmbito pessoal ou profissional. Há um princípio que, se aplicado diariamente, pode reconectá-lo com os outros num nível duradouro: presença. Certa vez, um líder espiritual martirizado criou uma expressão para esse princípio: "Onde você estiver, esteja por inteiro."[10]

John, um aspirante a redator de discursos políticos, compreendeu esse princípio muito antes de seus colegas. Ele alega que nunca se saiu mal numa entrevista de emprego. Todas as vezes recebeu uma oferta de trabalho. O mais interessante, porém, é que raramente era o melhor candidato no papel. "Em geral eu era, no papel, um candidato mediano."

A que, então, ele atribui o alto índice de sucesso nas entrevistas? A uma perspectiva contraintuitiva para a situação. Ele explica:

> Toda entrevista é uma oportunidade de aprender algo novo sobre pessoas que você não conhecia. Pense nisso; o ambiente conduz a isso. Existe um "toma lá, dá cá" natural. Nas entrevistas, aprendi sobre tudo, desde gostos culinários até sonhos frustrados e esperanças loucas. As pessoas querem ser ouvidas, querem estar cercadas de outras

que as ouçam. Então eu ouço. E descobri que isso suscita bastante respeito – mais do que qualquer discurso planejado.[11]

Ou seja, você também obtém respeito ouvindo o outro. E a excelente presença de John em entrevistas se traduziu em excelentes oportunidades – ele serviu como agente da CIA e como redator de discursos na Casa Branca.

Quando lhe pedem sugestões que exemplifiquem seu nível de presença no trato com os outros, ele diz que seu objetivo pessoal é fazer 15 perguntas por dia. As cinco mais importantes, explica, são dirigidas a sua família ou pessoas de seu círculo íntimo. Claro, pergunte como está sendo o dia do seu interlocutor, mas vá mais fundo. Pergunte o que o fez rir ou chorar. Pergunte sobre uma lição que tenha aprendido ou alguém que conheceu e adorou.

As cinco perguntas seguintes são para pessoas com quem você trabalha. "Aquela velha história de que não existe pergunta ruim pode ou não ser verdade numa sessão de brainstorming, mas certamente é verdade quando a pergunta é feita com sinceridade numa conversa. Se você perguntar com respeito e interesse, não tem como errar."

Por fim, as últimas cinco perguntas são para seu espaço virtual – redes sociais, e-mails e blogs. "Leia atentamente os posts e as mensagens; comente ou responda com perguntas. Faça isso com pelo menos cinco pessoas diferentes por dia. Além disso, use seus posts e atualizações para fazer mais perguntas a seus amigos e seguidores. Talvez você se surpreenda com o número de pessoas que respondem."

Essas são lições que Bob Taylor, da Taylor Guitars, leva muito a sério. Quando soube que a guitarra de Dave Carroll tinha sido danificada pela United Airlines, Taylor procurou o músico diretamente e lhe ofereceu duas guitarras à sua escolha.

Imagine o que poderia ter acontecido se alguém, qualquer um, na United tivesse tentado agir corretamente com David Carroll. Muito provavelmente a empresa não teria que emitir o seguinte comunicado quando o vídeo de Carroll viralizou:

> Esse acontecimento chamou nossa atenção. Estamos em contato para corrigir o que aconteceu, e, embora ambas as partes concordem que o assunto deveria ter sido resolvido há muito tempo, o excelente

clipe de Dave Carroll oferece à United uma excelente oportunidade de aprendizado que gostaríamos de usar para treinamento, a fim de assegurar que todos os clientes recebam um serviço melhor da nossa parte.[12]

Sempre ouvimos a expressão "vivendo e aprendendo", mas talvez uma lição igualmente importante para todos nós é que, se você ouvir e aprender, viverá com mais harmonia.

5

Fale sobre o que interessa aos outros

NUM BANQUETE, GEORGE BERNARD SHAW sentou-se ao lado de um jovem que se mostrou um chato até o último fio de cabelo. Para não ter mais que aturar um monólogo aparentemente interminável, Shaw o interrompeu e comentou que os dois, juntos, sabiam tudo o que é possível saber no mundo.

– Como assim? – perguntou o jovem.

– Bem, parece que você sabe tudo sobre tudo, menos que é um chato – respondeu Shaw. – E isso eu sei![1]

Não era exatamente essa a impressão que o jovem queria causar, mas isso demonstra um ponto importante: para despertar o interesse, fale sobre o que interessa às pessoas ao seu redor. E pressuponha que qualquer outra coisa irá entrar por um ouvido e sair pelo outro.

Esse é um princípio interessante, considerando a forma como a maioria das pessoas se comunica hoje em dia. Grande parte das mensagens que enviamos ou publicamos em redes sociais busca informar os outros sobre nossas vidas e nossos produtos, revelar nosso melhor aspecto para atrair os outros. Embora pareça ser ativa, essa na verdade é uma estratégia passiva, pois requer que o outro se conecte com você. Assim como um anúncio ou um banner num site esperando os cliques, publicamos anúncios virtuais mostrando o melhor de nós e esperamos que os outros queiram se engajar.

O problema é que isso é um monólogo de marketing, não um diálogo interpessoal. É presunção, não assimilação. Quando a presunção guia nossas tentativas de fazer amizade ou influenciar, os resultados são sempre pífios.

Em 1810, o general norte-americano William Henry Harrison, então governador do Território de Indiana, estava negociando com o cacique Tecumseh, na tentativa de evitar uma guerra aberta. Assim, ordenou que uma cadeira fosse enviada ao indígena. O homem que a levou disse:

– Seu pai, o general Harrison, lhe oferece um assento.

– Meu pai!? – exclamou Tecumseh. – O Sol é meu pai e a Terra é minha mãe, e em seu seio vou me deitar.

Ignorando a cadeira, ele se estendeu no solo.[2]

Hoje, tanto na vida pessoal quanto na profissional, o maior inimigo de uma influência duradoura é a ideia de criar uma impressão sem antes verificar se ela é necessária. Esse método não só é presunçoso como é uma péssima estratégia de negócios. O que o mundo mais precisa ter hoje é um diálogo que construa pontes – estratégia que Carnegie adotou mais de 80 anos atrás. E o primeiro passo é eliminar o atual espírito do marketing e das redes sociais e começar todas as interações com foco no que importa para o outro.

Como dissemos, o primeiro passo é o ato de ouvir. Quando ouvimos mais e descobrimos o que importa para o outro, somos capazes de realmente nos conectar com ele. Para isso, basta trazer esses assuntos para o primeiro plano de suas interações. Se você está falando de negócios, foque na gestão do relacionamento com os clientes – iniciativa que, certa vez, o blogueiro Doc Searls afirmou ter mais a ver com a gestão em si do que com os clientes.[3]

"Todo mundo está errado quanto à influência, exceto seus clientes", escreve Valeria Maltoni, blogueira e estrategista de negócios.

> Pense nisso antes de ter problemas por não ter alcançado resultados significativos. [...] A verdadeira influência surge quando juntamos pessoas com interesses em comum. É um processo de identificar áreas de relevância entre seus clientes atuais e potenciais, de construir uma comunidade e de ampliar sua influência conforme atende às necessidades deles. Se continuar pensando que a influência tem

a ver com você, vai ficar simplesmente correndo atrás das pessoas populares (mesmo as que se opõem a isso) até que a vaca tussa. Na verdade, a influência não tem a ver com isso. E você não precisa ir atrás de uma celebridade para construir algo significativo.[4]

Em última análise, ao começar interações falando sobre o que interessa aos outros, você está construindo uma comunidade. E uma comunidade é o que realmente interessa a você, quer esteja construindo um negócio com lojas físicas, lançando uma marca ou planejando uma reunião importante. Claro, no começo é preciso se conectar com o outro, mas grande parte do marketing e das mídias sociais se limita a apenas fazer essa conexão: obter mais um seguidor, conquistar mais um fã, anunciar mais um cliente. No entanto, frequentemente esquecemos o plano a longo prazo: a chamada estratégia de fidelização do cliente, mas é melhor pensar nisso como um diálogo vivo e significativo numa comunidade de amigos.

Se o fundamento para todo sucesso a longo prazo é o estabelecimento de relações baseadas na confiança, então o objetivo das interações deveria ser transmitir valor tão logo e sempre que possível. Para isso, é preciso vencer alguns obstáculos comuns.

Jason viaja às mais remotas regiões do Senegal algumas vezes por ano. Viajou pela primeira vez com um projeto não lucrativo. Agora, volta lá porque continua aprendendo. Recentemente, um dos anciões de uma aldeia o chamou certa tarde, sob um sol de 46°C, e lhe fez uma pergunta intrigante: como vivem as pessoas na América do Norte?

Jason explicou que a maioria morava em casas individuais mais ou menos semelhantes às cabanas da aldeia. Algumas pessoas ficavam em apartamentos empilhados lado a lado, formando grandes edifícios.

– E todas essas casas têm paredes em volta? – perguntou o ancião.

– Sim.

– Por quê?

– Para protegê-las do mau tempo e às vezes de pessoas más, e também proteger as coisas dentro das casas e para ter privacidade.

– Ah, não, não, não, isto é um retrocesso – comentou o ancião, explicando, em seguida, que em sua aldeia tinham derrubado as paredes exatamente para terem segurança. – Havia muitas coisas escondidas atrás de paredes.

Se você derruba as paredes para que todos possam ver o que tem dentro, todos ficamos mais seguros.

Vivemos num mundo moderno, e no mundo moderno construímos paredes. Temos os antivírus, que funcionam como paredes para nossos computadores; muros de tijolo e argamassa para nossas propriedades; e cercas de madeira e arame para nossos quintais e fazendas. Além disso, temos uma muralha formada pelas nossas interações sociais dispersas. Isso pode levar a um tipo de influência que existe fora de um relacionamento - uma influência baseada em seguidores, não em amizade.

Charlene Li, especialista em redes sociais e autora de *Liderança aberta*, adverte quanto aos perigos do poder da influência virtual. Numa entrevista recente, falou sobre sua maior preocupação: a falsa sensação de segurança. "Existe uma diferença entre um amigo e um fã", explica. "Fãs têm menos senso de comprometimento, menos interesse. O nível de lealdade separa fãs de amigos. Ambos são influenciados, mas a influência é mais certa e duradoura entre os amigos."[5]

O modo mais fácil de comprovar o argumento de Li é entrar na internet e tentar comprar um amigo nas redes sociais. É possível. Várias empresas vendem fãs no Facebook e seguidores no Twitter, mas a grande verdade é que nenhum amigo verdadeiro pode ser comprado.

"Quando vamos aprender que ter milhões de seguidores nem sempre significa que você os influencia?", escreveu em seu blog o canadense Mitch Joel, autor do livro *Six Pixels of Separation* (Seis pixels de separação) e um dos iMedia 25 - Líderes e Inovadores de Marketing na Internet.

> Esse é um jogo (ou melhor, negócio) que funcionou bem até que surgiram os analistas estatísticos e as plataformas apropriadas [...] É em grupos menores e mais fortes que reside a influência [...] As marcas que estão ganhando "verdadeira influência" [...] estão ganhando porque empregam pessoas que têm interações reais com outros seres humanos reais (e essas interações são realmente significativas) [...] Para uma empresa, é muito mais prático/realista pensar em usar essas oportunidades para se conectar e ter um envolvimento sincero do que tentar simplesmente aumentar os próprios números.[6]

Newton Minow era o influente chefe da Comissão Federal de Comunicações durante o governo do presidente John F. Kennedy. Mais tarde, ocupou vários outros prestigiosos cargos tanto do setor público quanto do privado. Quando lhe perguntaram seu segredo, ele respondeu que era sua especialização na faculdade. Ele se especializou em semântica – o estudo do significado. A semântica não diz respeito apenas a palavras, mas ao contexto em que são usadas; diz respeito à compreensão.

Certa vez, ele afirmou que 99% dos conflitos nascem de mal-entendidos gerados por palavras usadas em diferentes contextos. Portanto, ele alcançou o sucesso por tentar compreender o que as pessoas queriam dizer.[7]

Esse esforço é ainda mais significativo hoje, porque, quando decidiu chamar todos no Facebook de "amigos", Mark Zuckerberg fez uma escolha semântica fácil de causar polêmica. O cérebro não é capaz de processar centenas de amigos, que dirá o coração. Segundo Robin Dunbar, professor de antropologia evolucionária na Universidade de Oxford, o tamanho do cérebro limita nossa capacidade de aumentar círculos sociais a cerca de 150 amigos, por mais que sejamos sociáveis.

Dunbar examinou o Facebook e descobriu que isso também valia para um círculo on-line: "O interessante é que você pode ter 1.500 amigos, mas, quando analisa o tráfego nas páginas, vê que as pessoas mantêm o mesmo círculo de aproximadamente 150 pessoas que observamos no mundo real."[8]

Neste ponto, vale apresentar Dunbar a Minow, pois Dunbar define um amigo como alguém com quem você se importa e tem contato pelo menos uma vez por ano. É preciso pôr os pingos nos is, pois, embora não sejamos capazes de ter 150 amigos íntimos, podemos ter 150 relacionamentos influentes.

Amizades íntimas têm um profundo comprometimento e se baseiam em grande risco – primeiro, o de acreditar que somos pessoas muito importantes, capazes de influenciar a vida de outras pessoas. Se não compreendermos o significado de nossa presença, nunca conseguiremos dar a alguém o presente de nossas vidas. Mas um risco igualmente grande é o fato de que ter amigos íntimos nos torna suscetíveis a sofrer mágoas profundas. Algumas pessoas se protegem das mágoas causadas pelos relacionamentos optando por não ter amigos íntimos. Outras tentam ter tantos amigos superficiais que uma decepção causada por um deles acaba se dissipando no grupo.

O importante é entender que um relacionamento envolve risco, e, se queremos influenciar a vida de outras pessoas, temos que nos sentir à vontade em assumir esse risco. Claro que nosso nível de entrega é mais ou menos o nível de intimidade que buscamos no relacionamento, mas o risco nunca deixa de fazer parte do processo de transformar seguidores curiosos em amigos sobre os quais você tem uma influência que transcende os negócios.

Quando você descobre o que é importante para outra pessoa, evitar falar sobre o que é de seu interesse e falar sobre o que interessa a ela é a única maneira de cativá-la. E, nesse caso, quanto maior o risco, maior a recompensa. Sua influência se torna mais poderosa, e em pouco tempo o outro passa a se importar com o que importa para você.

Jamie Tworkowski compreende isso. Em 2002, uma amiga sua chamada Renee usava a mesma lâmina de barbear para alinhar cocaína e cortar os braços. Deprimida, sozinha e cercada de "amigos" no mesmo círculo vicioso que ela, Renee não iria durar muito.

Jamie, um modesto representante de vendas de pranchas de surfe, entrou em ação e, com um grupo de amigos, resolveu intervir. Evitando riscos emocionais, eles tentaram oferecer a Renee a dádiva de sua presença. Compravam café para ela, faziam-na ouvir música, cercavam-na de amor.

A amizade de Jamie e Renee o levou a fabricar camisetas e vendê-las para financiar o custo do programa de recuperação dela. Jamie era amigo do vocalista de uma conhecida banda de rock e pediu a ele que usasse a camiseta no palco. O músico atendeu.

Quase uma década depois, Renee está limpa e a To Write Love on Her Arms, a organização de Jamie, vende cerca de 3 milhões de dólares em camisetas por ano e investe esse dinheiro em diversos programas de recuperação.

Jamie tem mais de 200 mil inscritos em suas páginas no Twitter e no Facebook, mas sabe que a maioria é de fãs curiosos e seguidores. Pouquíssimos ali são amigos pessoais, como é o caso de Renee.

Ele influencia aqueles que o seguem, mas essa influência é mais superficial e efêmera do que a que exerce sobre seus amigos. Ele não tem problema com isso e comemora o fato de haver no mundo outras pessoas que também fazem coisas boas que merecem seguidores.

Jamie exerce uma forte influência sobre seus amigos; esse é o cenário no qual ele optou por ficar. É nesse lugar – que é diferente para cada um – que você deve estar, seja você uma multinacional ou um agente individual de mudança.

É importante considerar a diferença entre seus amigos e seus seguidores quando o objetivo é causar uma impressão duradoura. Existem pessoas sobre quem você exerce forte influência; elas são uma dádiva e ao mesmo tempo uma responsabilidade. Você tem a obrigação de saber não só quem elas são, mas também quanta importância tem para elas. Sua dádiva é o que elas trazem para você; valorize isso. Sua responsabilidade é conduzir o relacionamento de modo que se torne importante para ambos – ou, se isso não for possível, ao menos para o outro.

"A capacidade que uma marca tem de exibir sua mensagem diante de milhões de pessoas começa com essa impressão", conclui Mitch Joel no mesmo post em seu blog.

> Parece que nós, como público, acreditamos que a influência vem unicamente do volume de impressões e conexões que temos no mercado [...], mas não é assim. A verdadeira influência surge quando nos conectamos com os indivíduos, fomentamos os relacionamentos, acrescentamos valor real à vida de outras pessoas e fazemos de tudo para servi-las. Assim, quando chegar sua hora de fazer um pedido, você estará diante de alguém que lhe estenderá a mão. Preocupe-se menos com o número de pessoas com quem está conectado e muito mais com quem são essas pessoas e o que você está fazendo para valorizá-las e honrá-las.[9]

Em última análise, talvez o mais importante seja ter importância para os outros. Uma coisa é certa: numa época em que o número de mensagens se multiplica diariamente, somente uma parte ínfima delas importa de verdade. Para influenciar, certifique-se de que suas mensagens estão entre as importantes.

6

Faça o possível para deixar as pessoas mais felizes

"Ele se chamava Mike", começou Steve Scanlon, blogueiro e extraordinário coach de negócios da Building Champions. Estava contando uma história que adorava compartilhar. "Minha mulher, Raffa, e eu estávamos hospedados alguns quarteirões ao sul do Central Park e tínhamos pegado um táxi para ir a um tradicional jantar anual em Little Italy. Nosso timing foi horrível. Era Halloween, e as ruas, normalmente engarrafadas, estavam duas vezes mais congestionadas. À medida que Mike abria caminho pelo centro e atravessava o sul de Manhattan, ficou claro que nossos planos teriam que mudar. Mike sugeriu irmos ao Greenwich Village, e concordamos. Minutos depois ele nos deixou numa calçada, recomendou três restaurantes e voltou para aquela procissão de carros que se arrastavam. Na hora pensei que nunca mais o veríamos."[1]

Porém, como Scanlon gosta de dizer com um sorriso, Mike pensava o contrário.

Enquanto saboreavam a refeição, Scanlon pôs a mão no bolso da calça. Tateou o corpo inteiro. Não encontrou o celular. Entrou em pânico quando, de repente, lembrou onde ele havia ficado.

Scanlon já estava se resignando enquanto imaginava o horror que seria cancelar a conta telefônica, perder informações e contatos valiosos e comprar um aparelho novo. Por fim, digitou seu número no telefone da mulher, achando que iria ouvir a própria voz gravada para avisar da caixa postal. Em vez disso, porém, escutou um delicado sotaque indiano.

– Alô?

– Quem fala? – retrucou Scanlon, mais bruscamente do que pretendia.

– Mike – disse a voz.

Scanlon respirou fundo e, atabalhoado, explicou que ele e a mulher teriam que pegar um voo muito em breve.

– Meu Deus – respondeu Mike. – Seu telefone é muito importante. Vou chegar aí o mais rápido que puder.

Mike combinou o encontro numa esquina e prometeu se apressar.

Espantado e aliviado, Scanlon virou-se para a mulher e explicou o que estava acontecendo. Quando Mike encostou na calçada 20 minutos depois e lhe entregou o telefone, Scanlon pôs 80 dólares na mão do taxista – todo o dinheiro que carregava consigo.

"Mike ficou acanhado, mas eu queria que ele soubesse como aquele gesto tinha sido extraordinário", explicou Scanlon. "Em momento algum ele havia falado em dinheiro. Desligar o taxímetro e sair de seu caminho para ajudar um cliente irresponsável foi algo extraordinário, e eu lhe daria o dobro se estivesse com o dinheiro."

O pequeno gesto do taxista teve um grande impacto: transformou um pesadelo numa experiência memorável. Scanlon chama a atitude de Mike de "priorizar as pequenas coisas", que é o fundamento para deixar os outros mais felizes.

Em algum momento, fomos ensinados a priorizar o quadro geral. Aprendemos quais são os benefícios de estabelecer grandes objetivos, fazer grandes conexões e fechar grandes negócios. Talvez o maior objetivo da atualidade seja alcançar um alto número de seguidores. E, embora esses objetivos grandiosos tenham seu valor, se nossas mentes só estiverem focadas em grandes resultados, deixaremos passar as pequenas oportunidades que fazem uma grande diferença. Perderemos oportunidades de ir um pouco mais fundo, de estreitar um pouco mais os laços e de fazer os outros se sentirem muito mais felizes ao se relacionarem conosco.

"Não é que seja ruim pensar grande", explica Scanlon. "Pensar grande é necessário ao progresso – sobretudo com pessoas –, mas isso por si só não basta para alcançar grandes objetivos."

Do momento que semeamos até a colheita, existem muitas etapas, e a maioria delas é de pequenas sementes que são plantadas em pequenos momentos de cada dia.

Veja o caso do gerente de vendas da Macy's que concebeu um plano ambicioso para duplicar a venda de calçados femininos. A ideia era fazer uma liquidação de verão, explicou ele, e, combinando essa estratégia com um *upselling* (estratégia de venda na qual o vendedor sugere um produto adicional ao que está sendo comprado), as vendas seriam fantásticas. Só que infelizmente o resultado não foi grande coisa.

No primeiro dia, a equipe de vendas parou de prestar atenção nas histórias dos clientes. Parou de levar em conta o orçamento e o tempo de que dispunham. Em vez disso começaram a tentar fisgar oportunidades para sugerir um sapato mais caro, um segundo par por metade do preço ou um acessório que combinasse. No fim do mês, o total de vendas caíra em 8%.

O que tinha dado errado?

Um gerente típico poderia culpar sua equipe, mas esse apontou o dedo para si mesmo. O que poderia ter feito diferente? Ele percebeu que sua obsessão por um resultado grandioso acabou desviando o foco da equipe dos pequenos gestos que poderiam tornar o aumento das vendas realidade. Esse é um erro comum. Felizmente, ele teve uma segunda oportunidade.

Meses depois, a Macy's resolveu fazer outra promoção, e o gerente de vendas adotou uma postura diferente. Traçou o objetivo ambicioso – duplicar as vendas do mês anterior –, mas dessa vez descreveu os pequenos detalhes. Pediu ao pessoal que aproveitasse toda e qualquer oportunidade de atender aos clientes, acompanhá-los ao banheiro, segurar seus bebês, estacionar os carrinhos de bebê atrás do balcão do caixa, levar em conta o horário de seus compromissos e seus limites de orçamento. Ou seja, em vez de focar no que estava vendendo, a equipe de vendas deveria focar em melhorar o dia de seus clientes, quer eles comprassem os produtos ou não.

O que você acha que aconteceu?

As vendas superaram em 40% as do mês anterior. Não venderam o dobro – meta que até o gerente admitiu ser alta demais –, mas o resultado foi 50% melhor do que o apresentado no começo do verão. E o mais importante de tudo: foi um progresso. A diferença estava nos detalhes.

Comparando os dois momentos, percebe-se que o panorama não mudou. O que mudou foi o foco da equipe. Em vez de tentar fazer vendas grandes, eles promoveram pequenas ações para deixar as pessoas um pouco mais felizes, e as pequenas sementes plantadas com zelo resultaram numa colheita maior.

Muita gente comete o erro de achar que inspiração e implementação são a mesma coisa. É como um professor de artes que leva sua turma aos Alpes e pede aos alunos que reproduzam aquela paisagem maravilhosa. O panorama é inspirador: uma campina interminável de grama verde ondulante, choupos-brancos com folhas douradas, um riacho serpenteando o sopé de montanhas nevadas. Mas o simples fato de enxergar essa imagem não dá aos estudantes a capacidade de transpor uma folha sequer para a tela com habilidade. Se os alunos não forem ensinados a pintar cada detalhe, não criarão nada parecido com a paisagem pitoresca à sua frente, por mais que se esforcem. Para se tornarem grandes artistas capazes de reproduzir o quadro geral, eles devem aprender a focar nos detalhes. E em nenhum aspecto da vida isso é mais verdadeiro do que nas relações humanas.

Quem nunca teve grandes planos para uma sociedade, uma parceria ou uma amizade? Uma proposta de casamento nada mais é do que uma visão do futuro de um relacionamento. Um contrato de sociedade nada mais é do que uma visão do futuro de uma parceria empresarial. Um contrato de emprego nada mais é do que uma visão do grande trabalho que empregador e empregado podem realizar juntos. Mas será que basta descrever poeticamente seu amor pelo cônjuge, prometer um excelente serviço, um conteúdo relevante ou um suporte valioso ao seu cliente?

Dizem que Leonardo da Vinci começou a pintar *Mona Lisa* em 1503 e só terminou em 1519. Alguns historiadores da arte especulam que ele passou boa parte desse tempo estudando e aprimorando o sorriso enigmático que vem sendo o tema central de conversas ao longo dos últimos cinco séculos. Hoje em dia o famoso sorriso adorna uma sala no valor de 7,5 milhões de dólares no Museu do Louvre, onde transitam 6 milhões de visitantes por ano. A pintura é avaliada, por alto, em 500 milhões de dólares, embora a maioria alegue que é impossível calcular o valor do quadro.[2]

O que seria *Mona Lisa* sem esse famoso detalhe? Uma grande pintura que não atingiu seu potencial máximo.

O mesmo acontece com você: suas melhores e mais grandiosas intenções – para um relacionamento, seus seguidores, uma empresa ou uma parceria – ficarão aquém do potencial delas se suas intenções inspiradoras não se traduzirem em pequenas atitudes que demonstrem serviço e valor.

"A maioria dos empresários enxerga o serviço ao consumidor como uma campanha publicitária", disse Scanlon. "Eles postam, prometem e promovem. O problema é que, a menos que executem tudo isso na forma de pequenas melhorias a cada dia, o serviço ao consumidor é só da boca para fora." É uma *Mona Lisa* sem o sorriso – um belo esforço, mas sem qualquer diferencial.

É preciso sempre lembrar que nossa motivação para fazer amigos raramente é igual à que os outros têm para nos oferecer amizade. Você é motivado por aquilo que pode obter a partir da lealdade, do apoio ou do esforço colaborativo do outro. Você é motivado pelo grande quadro formado pela conexão e pela colaboração – pela forma como as coisas poderiam ser.

Por outro lado, as pessoas com quem você quer se relacionar e formar parcerias enxergam apenas o pequeno quadro da própria experiência que têm com você. Eles veem a essência das suas motivações e se sentem motivados pelas coisas como realmente são. E há outras pessoas que estão sempre se perguntando sobre você: "Qual é o valor do meu relacionamento com essa pessoa?"

A pergunta "O que você fez por mim recentemente?" ainda influencia as pessoas, talvez até mais atualmente, num cenário em que milhões de mensagens e mensageiros querem nossa atenção. Isso não significa, como muitos acreditam, que você precisa estar sempre se superando ou se exibindo como se a vida fosse um espetáculo, apenas que o segredo de todo progresso interpessoal é acrescentar valor regularmente.

"Na era digital, para fazer amigos é preciso realizar um trabalho de marketing, se destacar, ser importante", disse o lendário coach Tony Robbins numa entrevista recente. "Existem duas maneiras de se destacar: fazer algo muito bem ou muito mal. Infelizmente, a infâmia é o caminho mais fácil para se tornar conhecido. Com a tecnologia, temos o incrível poder de nos conectar com qualquer pessoa do planeta, aprender com ela e acrescentar valor à sua vida, 24 horas por dia, sete dias por semana. Ao mesmo tempo, temos o poder de prejudicar alguém ou bancar o idiota e, com isso, nos destacar da mesma forma. O pior é que muitas pessoas escolhem esse caminho."[3]

Tirando as consequências óbvias desse caminho para uma relação, o problema estratégico é que, na era digital, o que não falta são itens provocativos sendo veiculados a cada segundo. Considerando meios de comunicação, campanhas de marketing e comportamentos egoístas no mundo virtual, a competição que essas pessoas enfrentam para manter o interesse do público é colossal, e as recompensas obviamente não compensam.

A verdadeira chave para fazer amigos e influenciar pessoas, de acordo com Robbins, é "transformar os relacionamentos manipulativos em significativos. E a única maneira de fazer isso é estar sempre acrescentando significado e valor a eles."

É nessa balança que todas as suas interações são pesadas - cada tuíte, post, e-mail, telefonema e encontro presencial. Para que lado vai pender a balança em cada interação - para o lado de mais ou de menos valor? Para que lado sua balança vai pender ao longo do tempo? Talvez essa seja a pergunta mais importante, porque todos cometemos erros. Temos dias ruins. E pior: a consequência das falhas pode ser maior e mais impiedosa do que nunca. Só por isso já seria sensato fazer tudo o que está a seu alcance - em cada frente de batalha e em cada mensagem - para melhorar um pouco a vida dos outros. Apesar de termos margem de manobra, ela não é tão grande quanto se pensa. Quantas vezes um simples olhar estraga um relacionamento?

Em muitas tradições existem deuses e deusas da justiça. Têmis, um titã, era o organizador dos assuntos comunitários. Dice era a deusa grega da justiça, que determinava o que era certo e o que era errado. Justitia era a personificação romana da justiça, obrigada a ascender aos céus por causa dos erros dos mortais. Ma'at era a deusa egípcia que manteve a ordem no universo até o momento da criação e depois se tornou uma reguladora celeste.

Desses deuses e deusas surgiu a personificação moderna da Justiça, a imagem da mulher vendada segurando a espada e a balança, associada aos sistemas judiciários ocidentais. Sua mensagem não poderia ser mais simples: para que prevaleça sempre, a verdade deve ser pesada caso a caso.

Uma mensagem mais sutil seria: qualquer coisa pode fazer a balança pender. Num caso, não existe argumento inútil ou fato irrelevante.

As balanças da justiça pesam tudo. E o que vale para a justiça vale para os relacionamentos humanos. Não existem trocas neutras. Ou você deixa seu interlocutor um pouco melhor ou um pouco pior.

Jordan estava pensando em seu divórcio uma década após ele ter ocorrido, na véspera de seu segundo casamento. Um amigo perguntou por que o primeiro tinha fracassado. "Foi porque eu não considerei os pesos nas balanças", respondeu Jordan. Cada uma das interações com sua primeira esposa transmitia uma de duas mensagens – ou que ela o considerava a pessoa mais importante do mundo ou que não considerava. O problema foi que ele transmitiu a segunda mensagem com muita frequência.

Não é realista esperar que cada interação nossa mude a vida do nosso interlocutor. Mas não esqueça que sua balança tende para um lado ou para o outro, todos os dias. Isso deveria ser motivo mais que suficiente para prestar atenção em cada mensagem enviada. Tentar ser altruísta em cada interação fará de você uma exceção nesta era digital.

David Brooks, colunista do *The New York Times*, escreveu um texto contrastando a humildade exibida pelo Japão após a rendição do país no fim da Segunda Guerra Mundial com o que vemos hoje. "No dia da vitória, o fascismo era sinônimo de grandiosidade, pompa, ostentação e fervor. Do outro lado, as máquinas de propaganda dos Aliados também tinham produzido uma grande quantidade de exageros polêmicos. Em 1945, o povo estava farto de tudo isso, ávido por um estilo público discreto, abnegação, modéstia e frugalidade."[4]

A humildade e o sentimento de que era preciso pensar igualmente em nós mesmos e nos outros (talvez até mais nos outros do que em nós mesmos) faziam parte da cultura da época. Com o tempo, esse sentimento começou a mudar, escreveu Brooks. "A salvação moral deixou de ser encontrada na humildade perante Deus e a história e passou a ser obtida no contato íntimo consigo mesmo [...]. A autoexposição e o narcisismo se tornaram fatores importantes na competição por atenção."[5]

Algumas pessoas têm conseguido ganhar atenção – talvez "notoriedade" seja uma palavra melhor – cultuando a si mesmas e criando uma cultura de celebridade ao redor de si. Algumas ganham milhões com essa estratégia. Qual é a nossa impressão sobre essas pessoas? Elas têm influência permanente? Talvez, depois de conseguir tanta atenção, influenciem as pessoas a buscar cultura, o que é melhor do que nada, mas, em última análise, servem, acima de tudo, como provocadoras. São como um bom vinho antes de uma refeição insossa: preparam nosso paladar para um prato que não tem nada de mais.

Há milênios os filósofos vêm especulando sobre as regras dos relacionamentos humanos, e, de todas essas especulações, desenvolveu-se apenas um preceito fundamental. E não é novo. Na verdade, é tão antigo quanto a própria história. Zoroastro o ensinava a seus seguidores na Pérsia 2.500 anos atrás. Confúcio o pregava na China 2.400 anos atrás. Lao-Tsé, fundador do taoismo, o ensinava a seus discípulos no vale do Han. Buda pregava sobre o assunto à margem do sagrado rio Ganges, mais ou menos nessa época. Os livros sagrados do hinduísmo o ensinaram mil anos antes disso. Todos eles chegaram à mesma conclusão: não faça com os outros o que não quer que façam com você. Cerca de 2 mil anos atrás, Jesus disse isso de um jeito um pouco diferente: "Fazei aos outros aquilo que quereis que vos façam."[6]

Essa é a única regra considerada "de ouro" ao longo da história humana.

Ironicamente, uma vantagem da era digital é que muitas pessoas têm complexo de superioridade, o que proporciona a você uma maneira simples de causar uma impressão duradoura: mostre a elas, de modo sutil, que têm razão. É muito mais provável que elas retribuam o favor.

"Sabe por que eu gosto de você, Ike?", perguntou o britânico Winston Churchill ao presidente norte-americano Dwight Eisenhower, que tinha conseguido lidar, de maneira mais ou menos harmoniosa, com personalidades fortes como Bernard Law Montgomery, Charles de Gaulle e Franklin D. Roosevelt. "Porque você não faz questão de receber os louros da vitória."[7]

Se você melhorar um pouco a vida das pessoas, se tornará muito mais importante do que elas e irá muito mais longe.

PARTE TRÊS

Como merecer e manter a confiança das pessoas

1

Evite discussões

No livro *The Preacher and the Presidents* (O pregador e os presidentes), Nancy Gibbs e Michael Duffy descrevem a ascensão do reverendo Billy Graham e sua incomparável influência não só sobre sete presidentes dos Estados Unidos como também sobre quase todos os líderes globais do mundo ocidental. Esse processo, ressaltam, não ocorreu sem resistência, sobretudo no início. O modo como Graham lidou com um de seus mais ferrenhos oponentes dá uma prévia do primeiro princípio necessário para conquistar a confiança das pessoas.

"Em fevereiro de 1954, o patrono de Graham, Henry Luce, escreveu ao chefe do periódico *Time* em Londres, o lendário correspondente Andre Laguerre, a fim de prepará-lo para o que estava prestes a acontecer quando Graham aterrissasse na capital inglesa na primavera seguinte", escreveram os autores. Nessa época, apenas 5% a 15% dos britânicos iam à igreja, contra 59% dos americanos. "A religião está agonizando na Grã-Bretanha, por isso vale a pena observar o impacto de Billy por aí", comentou Luce. "Com certeza ele será zombado por todas as pessoas que você conhece."

Um desses zombadores, explicam Gibbs e Duffy, era um colunista do *Daily Mirror*, "William Connor, que chamou Graham de 'a versão hollywoodiana de João Batista'. Como sempre fazia em relação a críticos ilustres, Graham sugeriu que se encontrassem pessoalmente; Connor, maliciosamente, sugeriu um encontro num pub chamado Cabeça do Batista", fazendo alusão ao fato de que, na Bíblia, João Batista teve a cabeça cortada por exigência de Salomé e entregue a ela numa bandeja.

Acontece que nem Luce nem Laguerre nem Connor foram capazes de prever o efeito da visita de Graham sobre a cidade. "Veio tanta gente na primeira semana que depois disso ele realizou três encontros no Estádio Harringay, aos sábados [...] Noite após noite, 11 mil pessoas se sentavam e outras mil ficavam de pé, na chuva e no frio, para ouvi-lo pregar." Na plateia havia membros do Parlamento, um almirante e o chefe do Estado-Maior da Marinha. Os jornalistas também não haviam estimado o efeito que Graham teria sobre eles pessoalmente – sobretudo William Connor. Após o encontro no pub, Connor, o crítico, tornou-se Connor, o admirador.

"Nunca pensei que a cordialidade tivesse um lado tão afiado e cortante", confessou Connor a respeito de Graham tempos depois, numa coluna. "Nunca pensei que a simplicidade pudesse atingir a nós, pecadores, tão duramente. Vivendo e aprendendo."[1]

Embora pudesse ter adotado um comportamento passivo-agressivo, ignorando as provocações ou retrucando com indignação – o que seria um prato cheio para a imprensa –, Graham preferiu uma postura mais diplomática, elevada e eficaz. Evitou discutir e conquistou seu crítico usando de elegância e boa vontade.

Discutir dificilmente levará você a algum lugar; quando as discussões terminam, em geral cada lado se sente ainda mais convencido de estar com a razão. E você pode até estar certo, mas discutir para provar isso é tão inútil quanto seria se estivesse completamente errado.

O humorista Dave Barry soube expressar isso: "Eu argumento muito bem. Pergunte a qualquer um dos amigos que ainda me restam. Venço meu oponente numa discussão sobre qualquer assunto. As pessoas sabem disso e me evitam nas festas. Às vezes, como sinal de respeito, nem sequer me convidam."

Desperdiçamos grande parte do nosso tempo on-line argumentando ou alimentando discussões. Basta passar os olhos na seção de comentários de sites com muitos acessos ou em posts nas redes sociais. Os comentários são quase sempre um bate-rebate de argumentos contrários ou tentativas de vencer a discussão. Nos últimos tempos as discussões políticas têm sido, acima de tudo, tentativas de afirmar verdades absolutas ou corrigir o ponto de vista do adversário em vez de buscar questões de interesse comum e usá-las como base para construir algo de valor para ambos os lados. Poucas dessas discussões de fato mudam a mente das pessoas. E, como são virtuais e não têm as consequências claras e visíveis de confrontos presenciais, os dois lados podem se valer de ataques pessoais e comentários ambíguos e passivo-agressivos - as ferramentas menos eficazes nas relações humanas.

Foi essa a postura de Tony Hayward, ex-presidente da British Petroleum, que se eximiu de toda a culpa e demonstrou uma apatia arrogante ao falar sobre a trágica explosão do *Deepwater Horizon* e do derramamento de petróleo que custou 11 vidas, destruiu o ecossistema dos estados ao redor do golfo do México e o sustento de milhares de trabalhadores da região.

Segundo um artigo do *Times*, Hayward começou refutando conclusões científicas sobre a natureza e a dimensão do derramamento. Depois tentou minimizar o caso dizendo que o derramamento era "minúsculo" em comparação com o tamanho do oceano, que o impacto do maior derramamento de petróleo dos Estados Unidos - e dos 950 mil galões de dispersante tóxico usados para combatê-lo - seria "muito, muito modesto", e cometeu uma série de gafes das quais não conseguiria se recuperar, entre as quais um pedido de desculpas sarcástico ao povo do estado americano da Louisiana, no qual declarou: "Gostaria de ter minha vida de volta."[2]

Dois dias após se esquivar de perguntas e negar qualquer culpa na tragédia diante dos legisladores dos Estados Unidos, Hayward foi visto em Cowes, na costa sul da Inglaterra, numa corrida de iates da qual seu barco, *Bob*, participava. Isso só serviu para enfatizar o que já havia sido estabelecido: mesmo que estivesse certo, Hayward perdera tanto a credibilidade quanto a razão no tribunal da opinião pública. E, quando a influência e o impacto estão em jogo, esse é o único tribunal que importa de verdade.[3]

Poucos confiavam em Hayward depois que o executivo usou essa linha de argumentação. Ele deixara a impressão de que só se importava consigo mesmo e com seu império. O problema foi que, por causa disso, a BP rapidamente passou de suspeita a rejeitada, independentemente dos fatos que seriam revelados. A população começou a boicotar seus produtos onde quer que fossem vendidos. Por que ir a um posto da BP quando há dezenas de outros que pertencem a empresas que não tinham executivos tão irresponsáveis a ponto de usar argumentos que levariam à própria demissão?

Claro que parte dessa reação em cadeia era baseada numa impressão, mas, quando os fatos não estão claros, a própria realidade se torna apenas mais um ponto de vista. E, como estamos falando de relações humanas, às vezes a impressão é tão forte que nem fatos irrefutáveis bastam para suplantar uma repercussão ruim na imprensa.

Diga-se em defesa de Hayward que, após sua demissão da BP – à qual se referiu como o dia mais triste de sua vida –, ele passou a demonstrar muito mais empatia não só quanto ao papel da empresa no derramamento, mas também quanto à sua abordagem diante da tragédia. Amigos pessoais enaltecem Hayward como um homem de família, bom e generoso, e certamente têm suas razões para isso. Além do mais, a BP havia sido uma companhia confiável e respeitável durante décadas. Ambos merecem ser avaliados por seus melhores momentos, assim como qualquer um de nós mereceria se alguém tivesse divulgado uma discussão nossa com o cônjuge, um colega de trabalho ou um cliente. E Hayward e a BP provavelmente ainda serão avaliados dessa forma. Mas não era melhor evitar problemas desde o início?

Vamos enfrentar conflitos quase todos os dias de nossas vidas. Assim, como impedir que uma argumentação delicada se transforme numa discussão agressiva? Em última análise, é preciso valorizar mais a interdependência do que sua independência e compreender que, a longo prazo, uma negociação respeitosa é mais eficaz do que uma cruzada intolerante.

Um líder brasileiro demonstrou o mérito desse princípio apesar de todas as dificuldades históricas e pessoais. De um homem que veio da pobreza, foi líder sindical num país que é conhecido por não respeitar os direitos dos trabalhadores, viu sua primeira mulher morrer com oito meses de gravidez porque não tinham dinheiro para um tratamento médico adequado e formou seu próprio partido político, seria de esperar que Luiz Inácio Lula da Silva – ou Lula, como é mais conhecido – gostasse de uma briga. Mas até nisso Lula contrariou as expectativas.

"Minha mãe sempre dizia que quando um não quer, dois não brigam", disse Lula certa vez a um repórter. Assim, Lula não briga, abordagem que o ajudou a se tornar presidente do Brasil durante oito anos. Quando o Partido dos Trabalhadores venceu as eleições no começo da década de 2000, ele fez uma aliança com partidos de direita e se reuniu com líderes empresariais, apesar de seus objetivos sociais. Ao se tornar presidente com a promessa de priorizar os mais pobres, ele também focou no crescimento da economia como modo de construir uma aliança com a classe mais abastada.

"Eu me considero um negociador. Se queremos paz e democracia, temos que ser tolerantes, negociar mais", comentou.[4] A tolerância e a capacidade de negociação de Lula o ajudaram a alcançar feitos admiráveis durante seus dois mandatos. Construindo alianças nacionais e internacionais, ele criou programas sociais que levaram mais de 20 milhões de pessoas da pobreza para a classe média e, ao mesmo tempo, foi responsável por um período de estabilidade e forte crescimento econômico. Num país conhecido pelo grande abismo entre ricos e pobres, as habilidades de Lula puseram o Brasil num caminho de reversão de desigualdades históricas.[5]

O conceito de comunicação tem sido muito mal interpretado, explica a especialista em comportamento corporativo Esther Jeles. "Acreditamos que o mais importante de tudo é o ato de transmitir. Com isso, deixamos de alcançar o potencial máximo dos nossos diálogos."[6]

Jeles lembra a executivos e funcionários de empresas como a Twentieth Century Fox, Leo Burnett e Harpo, Inc. que existe uma razão importante para que todas as técnicas de crescimento pessoal nasçam do ato de ouvir sua sabedoria interior. "Dentro de cada um de nós existe um cofre que guarda um melhor autoentendimento, um conhecimento mais elevado e melhores ideias", explica ela. "A tensão e o conflito ocorrem quando você e/ou as pessoas que estão com você ignoram que os outros também têm uma sabedoria interior que deve ser ouvida."

Então como cultivar o hábito de evitar discussões? Descubra a vantagem de operar de maneira interdependente. Segundo Jeles, isso ocorre quando você "constata que resultados de parcerias são sempre melhores quando sua experiência e sua perspicácia se unem às dos outros".

Por mais comunicativo ou persuasivo que seja você, não alcançará os melhores resultados quando tentar suplantar o outro e sim quando o resultado da tensão entre os dois os levar a um crescimento pessoal e os tornar pessoas mais perspicazes. E se, apesar das tensões e dos conflitos, você mantiver suas interações de forma interdependente, será capaz de alcançar praticamente todos os seus objetivos em parceria com o outro.

"Todos sabemos como atrair a atenção dos outros, mas são poucos os que sabem como atrair a atenção e o respeito ao mesmo tempo", afirma Jeles. Evite discussões nas quais a maioria das pessoas mergulha de cabeça.

2

Nunca diga “Você está errado”

QUANDO DUAS OU MAIS PARTES estão no meio de uma argumentação, é muito raro que uma delas, sozinha e por conta própria, apresente a melhor solução para a questão, a decisão mais sensata ou a ideia mais brilhante. Por outro lado, não temos a menor dificuldade em apontar o dedo e dizer que o outro está errado antes mesmo de refletir sobre o que ele está dizendo.

Mesmo quando temos certeza de que nosso interlocutor está errado, existe um jeito de garantir o fim da interação e de toda e qualquer chance de colaborações significativas no futuro: simplesmente dizer a ele que ele está errado.

“Os que esquecem o passado estão condenados a repeti-lo. Os que aprendem as lições erradas do passado podem estar condenados ao mesmo destino”, escreve Deepak Malhotra, professor da Harvard Business School e coautor de *O gênio da negociação*, no começo de um artigo publicado na *Forbes.com* comparando a disputa que envolveu a divisão das rendas da NFL (liga profissional norte-americana de futebol americano) em 2011 com uma controvérsia semelhante entre donos e jogadores da NHL (liga americana e canadense de hóquei no gelo) na temporada de 2004-2005.

Em ambos os embates, os donos das equipes, preocupados com o aumento dos custos, pediram aos jogadores que aceitassem uma participação menor nas rendas da liga. Nos dois casos, os jogadores recusaram e solicitaram as provas desse aumento de custos. De início, os donos se recusaram a comprovar suas alegações. No caso da NHL, a situação ficou péssima porque nenhum dos lados recuou. "As acusações de ganância eram cada vez mais enfáticas", explica Malhotra. "Incapaz de estabelecer uma ponte entre as partes meses após o fim do prazo para o acordo, a NHL cancelou a temporada. E com isso perdeu-se uma renda de 2 bilhões de dólares."

Esse desfecho era inevitável? Segundo Malhotra, só seria evitável se ambas as partes compreendessem que o cerne da questão estava nas relações humanas básicas: "Nos dois casos a temporada foi cancelada porque os donos se recusaram a reconhecer que os jogadores tinham preocupações legítimas. Ao considerar que estavam sendo apenas gananciosos, não desconfiados, os donos adotaram a estratégia errada – intransigência em vez de transparência – por demasiado tempo."

A disputa caiu na armadilha do "Eu estou certo, você está errado" porque nenhum dos lados levou em conta uma questão: talvez os dois estivessem certos. Aqui existe uma lição crucial a ser aprendida: "Negociações se tornam mais produtivas quando uma parte reconhece que a outra pode ter preocupações legítimas", conclui Malhotra. "No caso da NFL, tanto donos quanto jogadores precisam se sentar à mesa de negociações com uma perspectiva menos radical e com mais nuances. Caso contrário, os fãs do esporte farão outra coisa em vez de assistir às partidas de futebol americano na próxima temporada."[1]

Quando há divergência entre as partes, é preciso se lembrar de um conceito crucial: nuance (ou diferença sutil). Na maioria das divergências, as diferenças entre os lados são muito mais sutis do que nos permitimos ver. E quando isso acontece costumamos tratar a discordância como um abismo intransponível, restando apenas jogar a outra parte no precipício. Isso está longe da verdade. "Uma amizade na qual as pessoas estão sempre de acordo não merece ser chamada de amizade", afirmou Mahatma Gandhi certa vez. "Para ser real, a amizade deve sempre sustentar o peso das diferenças honestas, por mais acentuadas que sejam."[2] A verdade é que em geral as discordâncias são pequenas rachaduras na calçada e podem ser facilmente negociadas se tivermos uma mente mais aberta.

"Nós falamos porque sabemos alguma coisa", explicou Esther Jeles, especialista em comportamento corporativo, numa entrevista recente. "Ou pensamos que sabemos. Ou, no ambiente de trabalho, porque existe a expectativa de que 'deveríamos' saber."[3] Essa expectativa tende a ser nossa inimiga nas interações, porque fecha nossa mente às possibilidades para além do conhecimento que oferecemos. Interagimos para corroborar nossas ideias, e, se isso não acontece, passamos o resto da conversa tentando refutar a avaliação do outro ou seu direito de nos avaliar. O resultado é que a colaboração - ou a possibilidade de colaboração - é descartada. Se essa é a sua abordagem, você raramente vai progredir nos relacionamentos.

Segundo Jeles, para ser eficaz na resolução de problemas, na colaboração e na solução de disputas, o primeiro passo é esvaziar a mente e eliminar aquilo que sabemos ou pensamos saber.

"Essa postura pode nos parecer extremamente anormal, porque somos treinados para expor nosso pensamento, nosso conhecimento, nossa inteligência", admitiu Jeles. "Pensamos, portanto falamos." Se entrarmos numa conversa com a mente esvaziada de ideias preconcebidas, adotaremos uma abordagem mais humilde e honesta. Reconheceremos a possibilidade de que talvez não saibamos tudo e talvez não sejamos os únicos a ter razão. E, o melhor, criamos a possibilidade de uma colaboração significativa: a fusão de pensamentos, ideias e experiências criando algo maior do que a soma de duas partes.

Quase sempre sabemos que não somos os donos da razão e que é possível estarmos errados, mas evitamos admitir isso. Por quê? Em geral, porque valorizamos mais a vitória pessoal do que a possibilidade de colaboração. Ao fazer isso, não só impedimos o desenvolvimento do relacionamento como também acabamos com a chance de um progresso maior do que imaginamos originalmente. Se surge uma divergência e tudo o que queremos é vencer, nossas expectativas estão muito baixas.

Jeles teve a seguinte experiência com um grupo de mídia que, ao querer dar uma resposta rápida diante de um desastre nacional, acabou gerando um conflito interno.

Seu celular tocou à meia-noite. Do outro lado da linha estava o presidente do grupo que a contratara. Ele precisava que Jeles comparecesse a uma reunião cedo na manhã seguinte para tratar de uma verdadeira sucessão de catástrofes.

O presidente estava se referindo à tragédia do furacão Katrina. Na esteira de um dos piores desastres naturais da história dos Estados Unidos, sua empresa correu para alocar 90% de seus funcionários em várias regiões da costa do Golfo. Nenhum planejamento, nenhuma estratégia, só algumas instruções genéricas para que os repórteres obtivessem matérias importantes. Duas semanas depois, as equipes tinham voltado à realidade, retomando o trabalho num cenário caótico e totalmente descoordenado.

"Tenho quatro equipes de produção lutando para fazer a cobertura principal", explicou o presidente. "Tenho o setor jurídico brigando com a produção para que aguardem a avaliação do que de fato irá ao ar. E tenho a contabilidade brigando com todo mundo para explicar como dividir os altos custos da operação." Ele fez uma breve pausa e, por fim, revelou o custo total. "Foi seis vezes maior do que qualquer produção anterior."

O papel de Jeles, disse o presidente, seria se reunir com as lideranças de todas as equipes em conflito e ajudá-las a resolver a situação.

Jeles sabia exatamente o que fazer.

Na manhã seguinte, sentada no auditório em que ocorreria a reunião, ela presenciou uma cena familiar: os executivos e seus principais funcionários do alto escalão entraram carregando, metaforicamente, uma maleta com todos os argumentos que apresentariam para vencer a disputa. Assim que todos se sentaram, ela foi à frente e fez um convite.

"Gostaria que todos começassem refletindo por um momento e se fazendo a seguinte pergunta: 'O que eu poderia ter feito diferente para ajudar outro departamento a ser bem-sucedido nessa tarefa?'"

Na sua cabeça, Jeles foi capaz de ouvir uma sequência de baques conforme as maletas imaginárias caíam no chão. Em seguida, todos ficaram atentos à medida que, um por um, os líderes compartilhavam seus pensamentos, começando com um "No futuro, poderíamos...".

O diretor financeiro sugeriu que sua equipe de contabilidade e a de produção apresentassem um orçamento preliminar para os projetos.

– Não temos tempo de sentar e fazer orçamentos quando um acontecimento está em pleno andamento – retrucou a vice-presidente executiva de produção.

Jeles interveio com uma pergunta:

– Você compreende por que a contabilidade fez essa sugestão?

– Para não gastarmos mais do que o necessário – respondeu a vice-presidente.

– A contabilidade é uma função vital para a sobrevivência da empresa, tão importante quanto a produção – acrescentou Jeles, e em seguida pediu ao diretor financeiro e à vice-presidente executiva de produção: – Será que os departamentos de vocês poderiam trabalhar juntos na criação de um orçamento preliminar para tarefas semanais e um orçamento para notícias urgentes com um teto variável baseado nas proporções da crise?

Os dois assentiram. A mediação seguiu em frente.

O chefe do conselho da empresa sugeriu que o jurídico criasse um documento sobre "os problemas mais comuns de avaliação legal", para que a produção soubesse de antemão como evitar longos processos de avaliação.

Jeles, então, olhou para a vice-presidente executiva, que assentiu e disse:

– Seria muito útil.

– Considere feito – respondeu o chefe do conselho.

A reunião continuou nessa toada, chegando a tratar de pontos específicos do assunto em pauta, como orçamentos e documentos. Em meia hora, todos na sala estavam de acordo quanto às soluções. A reunião foi oficialmente suspensa, e então aconteceu a coisa talvez mais surpreendente de todas: os executivos e suas equipes permaneceram na sala para tirar proveito daquele momento de colaboração.

Quando Jeles pegou sua bolsa para ir embora, o presidente se aproximou e disse:

– Em 25 anos, nunca estive numa reunião onde houvesse mais gente ouvindo do que falando.

No espírito dos grandes artistas que começam um trabalho com somente uma tela em branco ou um bloco de barro à sua frente, temos que entrar em todas as disputas com a mente aberta para tudo o que pudermos descobrir e produzir juntos. Só assim alcançaremos nosso verdadeiro potencial interpessoal.

Em 26 de junho de 2000, no Salão Leste da Casa Branca – onde Teddy Roosevelt costumava praticar boxe, Amy Carter teve sua festa de formatura no ginásio e os exploradores Lewis e Clark certa vez acamparam em suas tendas –, o presidente Bill Clinton anunciou a conclusão da primeira pesquisa de decodificação de todo o genoma humano. "A humanidade está a ponto de ganhar um imenso e novo poder de cura", comentou o político.[4]

A seu lado estava o Dr. Francis Collins, notório geneticista e chefe do Projeto Genoma Humano. Durante sete anos, ele havia liderado uma equipe internacional com mais de mil cientistas, o que a jornalista J. Madeleine Nash descreveu como "o desafio de realizar um *tour de force* tecnológico que muitos comparam ao da fissão do átomo e ao de levar o homem à Lua. 'Existe apenas um Projeto de Genoma Humano, e ele acontecerá uma única vez', disse Collins na época. 'A chance de estar no comando desse projeto e de pôr nele minha marca pessoal é maior do que eu poderia imaginar.'"[5]

O fato de que Collins teve que fazer isso competindo com um ex-colega tornou tudo mais interessante.

Em maio de 1998, cinco anos após Collins ter concordado em conduzir o projeto, Craig Venter, um apaixonado biólogo dos Institutos Nacionais de Saúde dos Estados Unidos que estava entre os incontáveis cientistas dedicados a estudar os genomas para descobrir como curar doenças, anunciou que fundaria uma empresa para se antecipar ao projeto de Collins em quatro anos.

A "corrida" entre Collins e Venter foi um forte assunto na imprensa. O tema central dos comentários era a diferença de personalidade entre os dois – um ousado, o outro reservado. E Collins, o reservado, não teve alternativa senão competir. Isso significou mobilizar cientistas de seis países, diversas agências de governo e inúmeros laboratórios de universidades para trabalharem juntos com um interesse comum, não para a glória individual.

Collins optou por um caminho de cooperação e parceria e resistiu à tentação de dizer que Venter estava errado. Na verdade, ele apenas o considerava diferente. Mas "diferente" não precisava significar "oponente". Embora admita que os dois eram "pessoas diferentes [...], com ideias diferentes, Collins admite agora que Venter tenha 'sido um estímulo, de um modo muito positivo'", relatou Nash, da revista *Time*.

Quando afirmamos que o outro está errado, no fundo revelamos de forma tácita que não queremos ser rejeitados. E o fato de não querermos estar errados nos faz projetar esse papel nos outros. O próprio Dale Carnegie foi vítima dessa reação nada invejável.

Pouco depois do fim da Primeira Guerra Mundial, ele era o empresário de Sir Ross Smith. Durante a guerra, Sir Ross tinha sido o ás australiano na Palestina. Pouco depois da declaração de paz, ele encantou o mundo ao dar meia volta no globo terrestre em 30 dias. Até então, ninguém havia tentado semelhante proeza. O feito de Sir Ross foi uma sensação tremenda, e o governo australiano o premiou com 50 mil dólares. O rei da Inglaterra lhe concedeu o título de cavaleiro e, por algum tempo, ele foi o homem mais falado do Reino Unido.

Certa noite, Carnegie estava num banquete em homenagem a Sir Ross. Durante o jantar, seu vizinho à mesa contou uma história divertida que se apoiava na seguinte citação: "Existe uma divindade que aperfeiçoa nossos planos, por mais que eles sejam mal traçados por nós."

O homem mencionou que aquela era uma citação bíblica. Estava errado, e Carnegie tinha certeza disso. Assim, como ele mesmo admitiu depois, Carnegie se colocou na posição inoportuna e nada desejável de corrigi-lo. O quê? Shakespeare? Impossível! Isso é um absurdo!

O sujeito estava à sua direita, e Frank Gammond, um velho amigo de Carnegie, à sua esquerda. O Sr. Gammond estudara Shakespeare durante anos. Por isso Carnegie e o contador de histórias concordaram em tirar a dúvida com o Sr. Gammond. Ele ouviu, chutou Carnegie por baixo da mesa e disse:

– Dale, você está enganado. O cavalheiro tem razão. O trecho *está* na Bíblia.

A caminho de casa naquela noite, Carnegie falou com o Sr. Gammond:

– Frank, você sabia que a citação era de Shakespeare.

– É claro que sabia. *Hamlet*, ato cinco, cena dois. Mas éramos convidados numa ocasião festiva, meu querido Dale. Por que provar que o sujeito estava errado? Isso faria o homem gostar de você? Por que não deixá-lo sair por cima? Ele não pediu nem queria sua opinião. Por que discutir com ele? Evite esse tipo de problema.

Isso ensinou a Carnegie uma lição que ele jamais esqueceu.

Dizer às pessoas que elas estão erradas só vai lhe render inimigos. Poucas reagem de forma lógica quando ouvem que estão erradas; a maioria reage de forma passional e adota uma postura defensiva, porque você está questionando sua capacidade de discernimento.

É preciso ir além de evitar falar as palavras "Você está errado". Também é possível dizer isso com um olhar, um tom de voz ou um gesto, por isso evite demonstrar que está julgando o outro em todas as formas de comunicação. E, se deseja provar que seu ponto de vista é o correto, não deixe ninguém saber.

Quando nos comunicamos pela internet, é muito fácil usar um tom que denota que achamos que o outro está errado. Às vezes, só percebemos esse tom depois, quando lemos o que escrevemos. Acreditamos que estamos sendo diplomáticos, mas cada palavra, lida sem uma expressão facial ou um tom de voz ameno, acaba soando como uma condenação. É por isso que é muito mais fácil resolver problemas pessoalmente.

Em vez de escrever um argumento truncado e enviá-lo por e-mail, mensagem instantânea ou rede social, crie um ambiente mais respeitoso e conciliatório. Depois, apresente seu ponto de vista de mente aberta. Mesmo que efetivamente você esteja certo e o outra errado, não há por que ferir o ego dele ou prejudicar permanentemente um relacionamento. Se você se lembra de todos os que insistiam em dizer que você estava errado, pode ter certeza de que os outros se lembrarão de você da mesma forma negativa caso use suas interações para dar lições em vez de fortalecer o relacionamento.

Tenha sempre a diplomacia como critério padrão. Admita que pode estar errado e que o outro pode estar certo. Seja agradável. Faça perguntas. E, acima de tudo, considere a situação do ponto de vista do outro e demonstre respeito.

Essa postura humilde leva a relacionamentos, parcerias e resultados inesperados.

3

Admita os erros com rapidez e entusiasmo

Qualquer fã de esporte sabe que todo torcedor adora dizer que o juiz roubou e prejudicou o time dele. O esporte e a situação podem variar, mas é fato que os juízes erram regularmente. De vez em quando as consequências são decisivas. Alguns casos são tão famosos que ganham nomes próprios.

Veja o exemplo do gol "A mão de Deus". Nas quartas de final da Copa do Mundo de 1986, Argentina e Inglaterra estavam empatadas em 0 a 0 quando o capitão da Argentina, Diego Maradona, recebeu um passe e, numa disputa aérea com o goleiro inglês Peter Shilton, ergueu a mão esquerda, antecipou-se ao goleiro e mandou a bola para as redes. O árbitro, Ali Bin Nasser, não viu o toque e validou o gol.

Dez anos depois, em 1996, houve o caso de Jeffrey Maier. Na final do campeonato americano de beisebol, os Orioles derrotavam os Yankees por 4 a 3 perto do fim do jogo quando o rebatedor dos Yankees rebateu uma bola alta e longa. Maier, um menino de 12 anos que estava na arquibancada, esticou a mão e pegou a bola em pleno ar, evitando que um jogador dos Orioles a interceptasse e eliminasse o rebatedor. O juiz Rich Garcia, erroneamente, considerou a jogada um *home run* – bola rebatida para fora do campo, permitindo que o rebatedor fizesse um ponto. Os Yankees acabaram vencendo a partida.

Acrescentem-se a esses incidentes 10 mil outros erros de arbitragem e teremos uma noção de como os torcedores se irritam com esses equívocos. É claro que torcemos pelo nosso time, mas os juízes são humanos, e é compreensível que cometam erros. O que alimenta e prolonga nossa irritação, porém, é a incapacidade ou a recusa dos juízes em admitir que erraram.

E é esse aspecto que torna um dos piores erros de arbitragem da história tão extraordinário – e, em última análise, tão redentor.

Foi o chamado "roubo do jogo perfeito". Desde 1900 – ano reconhecido como início da era moderna do beisebol –, foram disputadas cerca de 400 mil partidas nos Estados Unidos. Nesse período, apenas 18 vezes um *pitcher* – o arremessador – atingiu a perfeição, o jogo perfeito, eliminando todos os rebatedores adversários sem permitir que eles corressem uma só vez e que um corredor sequer chegasse a uma base devido a um erro seu. Para ter uma ideia, a probabilidade de um jogo perfeito no beisebol é uma em 20 mil, muito menor do que a de ser atingido por um raio.[1]

Só que um jogo perfeito era exatamente o que o arremessador dos Detroit Tigers, Armando Galarraga, estava fazendo numa noite de junho de 2010. Ele já tinha conseguido 26 *outs* – impedir o rebatedor de desviar a bola e alcançar uma base – consecutivos, e o vigésimo sétimo (e último) arremesso tinha sido rebatido fracamente na direção da primeira base. Galarraga correu em direção à primeira base, recuperou a bola antes de o rebatedor chegar e preparou-se para comemorar. Só que houve um problema: o árbitro, Jim Joyce, agitou os braços e disse que o corredor tinha alcançado a primeira base antes de Galarraga.

O jogo perfeito de Galarraga estava perdido em um dos mais clamorosos erros de arbitragem da história do esporte.

E foi ali que aconteceu uma reviravolta inesperada. Talvez este seja o detalhe mais importante e memorável do episódio.

Quando voltou para o vestiário dos juízes, Joyce imediatamente foi ver o vídeo do jogo e assistiu à jogada, uma única vez. Viu que havia cometido um erro terrível. Em vez de deixar a poeira baixar em silêncio, como fazem tantos de seus colegas, Joyce escolheu outro caminho. Foi direto para o vestiário dos Detroit Tigers e chamou Galarraga.

Com o rosto vermelho como um tomate e os olhos marejados, Joyce abraçou Galarraga e conseguiu dizer duas palavras antes de se desfazer em lágrimas: "Lo siento."

Joyce desculpou-se corajosamente e com franqueza. Ao fazer isso, mudou a história do esporte. Antes já tinham acontecido jogos perfeitos no beisebol, mas esse foi o primeiro jogo em que houve uma redenção.

Muitas coisas são comuns a todos nós – o nascimento, a morte e uma vida cheia de enganos, erros e gafes. Todos nós sabemos disso, e a maioria dos erros, embora temporariamente frustrantes e capazes de enervar as pessoas, são perdoáveis.

Então por que temos tanta dificuldade em admiti-los?

Veja o caso de Tiger Woods. Seu acidente de carro na noite do Dia de Ação de Graças na porta de casa desencadeou uma lista de acusações aparentemente infindáveis de casos extraconjugais. Enquanto, no passado, esses rumores eram vistos como fofocas infundadas, a era digital pode transmitir a traição, acusar o traidor e condená-lo da noite para o dia.

Em resposta ao incidente, Woods preparou uma admissão vaga de suas "transgressões" e pediu privacidade. Tanto seu mundo profissional quanto o pessoal desabaram à sua volta. Patrocinadores o abandonaram, sua mulher o abandonou e sua capacidade de jogar golfe foi gravemente prejudicada.

Ele poderia ter ido por outro caminho? Claro que sim.

Nas primeiras semanas em que as manchetes ocuparam os noticiários, antes de os acordos de patrocínio serem cancelados ou de Woods ser abandonado pela mulher, especialistas em relações públicas apontaram uma abordagem diferente que poderia ter estancado essa hemorragia muito antes. Num artigo para o *Phoenix Business Journal*, o jornalista Mike Sunnucks citou Abbie Fink, da HMA Public Relations:

> Fink disse que Woods e sua equipe preferiram o silêncio a assumirem o controle da história, que acabou sendo conduzida pelo [site de entretenimento] TMZ e pela [revista de fofocas de celebridades] *National Enquirer*. "Como Tiger não se pronunciou, a mídia foi buscar outras fontes. E, após as notícias de hoje, parece que tem muita gente querendo contar sua versão da história", disse Fink.

Troy Corder, diretor da Critical Public Relations em Phoenix, explicou que a equipe de Woods cometeu diversos erros, inclusive os de mentir, se encolher como se quisesse se esconder e não se preparar para responder aos repórteres dos tabloides, que, em parte, estavam com a razão.[2]

Um pedido de desculpas público rápido e sincero teria feito Woods pôr os pés no chão da maneira correta. Ele era um ícone irretocável do esporte. Admitir o erro de forma rápida e enfática não só acalmaria os ânimos, como mostraria que Woods era igual a qualquer ser humano, confuso e passível de erro – algo que já sabíamos, de qualquer forma. Essa postura o ajudaria a recuperar a simpatia das pessoas muito mais depressa.

Na época, Amy Martin, CEO da Digital Royalty, comentou:

> Tiger deveria ter humanizado sua marca através das redes sociais, usando especificamente o Twitter e fazendo lives. Sua presença no Facebook tinha um tom polido e promocional que deixava seus fãs com vontade de espiar os bastidores. [...] Se ele tivesse permitido que as pessoas vissem o ser humano por trás do superastro do esporte, as percepções e as expectativas poderiam ter sido diferentes quando houve o escândalo.[3]

Infelizmente, não foi esse o caminho que a equipe de Tiger Woods escolheu após os eventos que mudaram o rumo de sua carreira, e com isso a poeira demorou muito mais para assentar. Essa é a consequência de ignorar este princípio na era digital: notícias negativas se disseminam mais rapidamente do que nunca. Se você comete um erro, é muito melhor controlar as notícias que serão divulgadas. Esclareça tudo de forma rápida e convincente.

Um motivo para nossa dificuldade em admitir falhas é o fato de que tendemos a esquecer as mensagens que transmitimos ao pedir desculpas. Esse esquecimento é muito mais perigoso hoje em dia. Admitir nossas falhas de maneira enfática e imediata é como fazer um *press release* de página inteira confirmando que nos importamos de verdade com as pessoas que magoamos, que nos sentimos mal pelo que fizemos e que queremos consertar a situação. As pessoas raramente continuam com raiva e decepcionadas quando percebem que estamos nos enxergando da forma correta e avaliando a situação de maneira precisa. Tendemos muito mais a perdoar aqueles que assumem a culpa imediatamente.

Compare a opinião pública sobre o jogador de beisebol Jason Giambi, que, com lágrimas nos olhos, imediatamente admitiu ter usado esteroides quando o escândalo de doping estava prestes a vir à público, com a história sobre o ex-jogador Mark McGwire, que esperou cinco anos para esclarecer a questão. Giambi voltou à sua vida normal rapidamente. O público foi generoso e perdoou logo. Por outro lado, embora McGwire certamente tenha tido seus motivos para postergar sua explicação, muitos fãs de beisebol o considerarão um trapaceiro pelo resto da vida. Anos após o fim de sua notável carreira profissional, ele ainda está longe de entrar para o Hall da Fama do esporte, algo que, do contrário, seria uma barbada.

Se tratarmos nossos erros de forma ambígua e indiferente, também estaremos fazendo um *press release* de página inteira, no qual se lê: "Gostaria de ter minha vida de volta." Todos nós gostaríamos de ter de volta a vida que tínhamos antes de cometer os erros, mas é preciso lembrar que ninguém além de nós mesmos pode mudar a situação. Os outros não têm a obrigação de nos devolver a vida que tiramos de nós mesmos. Só nós seremos capazes de trazer nossa vida de volta. E o primeiro passo sempre é admitir a falha de forma rápida e enfática.

O que todos nós esquecemos em algum momento é que o ato de ter a coragem de admitir nossos erros dá certa satisfação. Isso não apenas acaba com o clima de culpa e de defensividade como também ajuda a resolver muito mais rapidamente os problemas causados pelo erro.

Ronald Reagan era conhecido como o "Grande Comunicador" porque, para a alegria de quem o apoiava e a consternação de quem o criticava, com um simples comentário sagaz ele era capaz de passar de uma posição de fraqueza para a de força inegável.

Para isso, um de seus métodos testados e aprovados era demonstrar intimidade com o gesto de pedir desculpas. Durante um período particularmente conturbado de seu mandato, ele fazia piada de sua própria atuação da Casa Branca, admitindo: "Nossa mão direita não sabe o que a esquerda está fazendo."[4]

Reagan sabia que era mais fácil aguentar a autocondenação do que ser condenado pelos outros. Se sabemos que vamos ser repreendidos, não é melhor tomar a dianteira e nós mesmos nos darmos a bronca?

Quando reconhecemos e admitimos nossos erros, os outros costumam relevar o que aconteceu e se mostram generosos. Logo o erro perde importância. Mas quando fugimos da responsabilidade ou nos recusamos a admitir os erros de imediato, provocamos a ira dos que nos cercam – o erro inicial parece se tornar mais importante e os efeitos negativos crescem fora de controle.

Atualmente temos a oportunidade de pedir desculpas a pessoas que estão longe de nós, de informar a todos os envolvidos que cometemos um erro e lamentamos por isso. Assim, cortamos as opiniões negativas pela raiz e conquistamos o respeito das pessoas, porque é preciso ter coragem para admitir os erros em público.

Também é preciso ter coragem para admitir nossas falhas em particular. Veja o que acontece nas famílias. Maridos e esposas têm uma enorme dificuldade de admitir seus erros. É como se você mesmo se apunhalasse. Porém, não importa qual tenha sido o erro: é fundamental optar pelo caminho da humildade e se apoiar na força do perdão.

Anne era uma executiva bem-sucedida, mãe de três filhos e casada com o homem dos seus sonhos. Diplomada por uma faculdade de prestígio, ela nunca havia fracassado em nada na vida. No entanto, certa noite saiu com os colegas de trabalho quando estavam numa convenção em outra cidade. Um drinque levou a outro, dois levaram a quatro, e o grupo foi diminuindo até que só restaram ela e um colega.

Eles decidiram ir embora do bar e, no elevador, se beijaram. Alguns andares e passos depois estavam à porta do quarto dela. Ela abriu. Beijaram-se novamente. Depois pararam. Ele recuou e ela também.

Os dois eram casados; amavam seus cônjuges. Tinham se beijado novamente e parado. Ele foi embora, e a porta se fechou. Anne foi para cama sozinha... e acordou com o pesadelo de que havia traído o homem de seus sonhos.

Foi para casa dois dias depois e não falou nada durante seis anos. Tinha cometido um erro. Um erro que acontecera uma única vez e houvera apenas uma testemunha, que também não iria falar sobre isso.

Os anos se passaram, e a lembrança foi trancada num cofre mental e emocional. Anne sabia que se o segredo fosse revelado nunca mais seria aquela pessoa que tinha tudo e nunca errava.

Certa noite, quando estavam de férias, ela decidiu contar tudo a seu marido. Ele a encarou e começou a chorar. De todas as reações possíveis, Anne não havia imaginado essa.

Ao longo das semanas seguintes, eles conversaram sobre o assunto entre si, com seus amigos, com seu pastor. O marido sofria, e cada minuto de seu sofrimento deixava o coração de Anne mais apertado. Só que outra coisa também aconteceu: sua máscara de perfeccionismo caiu. Quando os amigos souberam do erro de Anne, ela se viu coberta daquilo que nunca imaginou ser possível – perdão.

Anne descobriu que a verdade tinha o poder de libertá-la. Seu erro não deixou de ter consequências, mas, ao admiti-lo e buscar o perdão, ela abriu espaço para uma nova perspectiva em sua vida, uma perspectiva na qual estaria em segurança mesmo sendo imperfeita. Pena que não abriu esse espaço seis anos antes.

Essa mesma perspectiva existe para todos nós, se formos corajosos o bastante para adotá-la. Qualquer um pode defender um erro – e a maioria faz isso –, mas, ao admiti-lo, você se destacará e terá um sentimento de exultação.

No fim de 2010, pessoas ligadas ao mundo do esporte se envolveram na habitual discussão de fim de ano sobre quem a revista *Sports Illustrated* escolheria como seu "Desportista do Ano". A honra acabou sendo concedida a Drew Brees, *quarterback* dos New Orleans Saints, por levar a até então desafortunada equipe de futebol americano a seu primeiro título nacional. Foi uma escolha adequada.

Mas Chris Harry, da *AOLnews.com*, achou que o prêmio deveria ser dividido com dois outros homens. "No que diz respeito ao puro espírito esportivo, para mim nada se comparou ao lamentável evento na noite de 3 de junho." Após contar a famosa história do jogo quase perfeito de Galarraga frustrado pelo árbitro, Harry concluiu:

> Cerca de 16 horas depois, os Tigers e os Indians jogaram novamente, mas o reencontro que interessa aconteceu antes da partida, quando

Galarraga foi em direção à base principal, de onde o arremessador faz o lançamento das bolas. Joyce estava esperando por ele. Os dois trocaram apertos de mãos e abraços em uma das mais inspiradoras, emocionantes e tocantes exibições de esportividade que qualquer esporte já viu. Foi um momento digno de ser revivido e nos ensinou uma lição sobre como agir com classe e dignidade quando as circunstâncias poderiam facilmente ter provocado uma reação muito diferente – sobretudo nos tempos em que vivemos.[5]

Ah, o poder que duas palavras têm para mudar tudo: "Lo siento." Sinto muito.

4

Comece de um jeito amigável

"LÍDERES BEM-SUCEDIDOS SÃO SEMPRE INICIADORES", escreveu o especialista em liderança John C. Maxwell em seu livro mais importante, *As 21 irrefutáveis leis da liderança*. Em seguida, ele lembra uma ocasião em que começar de forma amigável não foi apenas necessário, mas extremamente recomendável. Ainda jovem, ele tinha sido contratado para assumir a liderança de uma igreja problemática em Lancaster, Ohio. Segundo lhe contaram, lá havia um homem grande e intimidador chamado Jim Butz, um líder laico eleito pela congregação e a pessoa mais influente na organização. Também lhe contaram que Jim tinha a reputação de ser um rebelde que às vezes levava a igreja para o caminho errado.

A primeira coisa que Maxwell fez foi marcar um encontro com Jim em seu escritório. Poderia ter sido uma situação constrangedora ou até grosseiramente mal interpretada - um "garoto" de 25 anos convocando um patriarca de 65 a se encontrar com ele -, porém Maxwell tratou de desfazer essa ideia imediatamente. No instante em que Jim se sentou, Maxwell começou a fazer uma humilde avaliação da situação. Jim era o influenciador na igreja, e Maxwell queria trabalhar com ele, não contra ele. Maxwell sugeriu, então, que se encontrassem uma vez por semana para almoçar e conversar sobre todas as questões e tomar decisões juntos. "Enquanto eu for o líder aqui, não tomarei nenhuma decisão sem primeiro discuti-la com o senhor", afirmou Maxwell. "Quero realmente trabalhar com o senhor. Podemos fazer grandes coisas juntos nesta igreja, mas a decisão é sua."

Quando Maxwell terminou, "Jim não falou uma só palavra", lembrou o religioso. "Levantou-se da cadeira e foi beber água no corredor. Eu o acompanhei e esperei. Após um longo momento, ele se aprumou, se virou para mim, e vi as lágrimas escorrendo pelo seu rosto. Então ele me deu um abraço apertado e disse: 'Você pode contar comigo, estarei a seu lado.'"[1]

Empatia gera empatia. Somos mais inclinados a concordar com a outra pessoa ou a ver as coisas do ponto de vista dela quando temos simpatia por ela. Mas se sentimos que ela está ocupada, foi brusca ou não tem interesse em ser educada, costumamos refletir esse sentimento. Quando isso acontece, esse é um obstáculo difícil de superar, quer você tenha acabado de conhecer a pessoa ou já a conheça há algum tempo.

Quando as pessoas estão se conhecendo, nenhuma abordagem é mais eficaz do que a gentileza e a delicadeza, mesmo que o outro lhe cause sofrimento, frustração ou raiva. Quando você cumprimenta alguém de forma amigável, está dizendo: "Você vale o meu tempo. Você tem valor." Esta mensagem sutil tem um poder enorme – maior do que as pessoas imaginam.

Em *The Seven Arts of Change* (As sete artes da mudança), David Shaner compartilha uma experiência incrível que lhe mostrou o imenso poder de começar uma relação de maneira amigável.[2] Ele fora recrutado por um velho amigo para dar aulas de aikidô na Academia de Artes Marciais de Aspen-Snowmass, na estrada que sai do condado de Pitkin, Colorado, local que ficou famoso em 1970 quando o jornalista americano Hunter S. Thompson concorreu ao cargo de xerife com ideias de promover a descriminalização das drogas para uso pessoal, transformar as ruas de asfalto em campos gramados, proibir construções que obstruíssem a vista das montanhas e renomear Aspen como Cidade Gorda, a fim de afastar possíveis investidores.

Thompson perdeu por pouco, mas sua visão abriu espaço para que outro homem, menos controverso mas igualmente não convencional, se tornasse o xerife. Seu nome era Dick Kienast, e o pôster de sua campanha citava uma frase da filósofa Sissela Bok sobre valores sociais: "A confiança é um bem social que deve ser tão protegido quanto o ar que respiramos ou a água que bebemos."[3]

Kienast acreditava que civilidade e compaixão deveriam ser a base de todas as interações na aplicação da lei, quer envolvessem criminosos violentos ou infratores de trânsito frustrados. "Foi uma iniciativa crucial, que muitos poderiam considerar tola e desnecessária", escreve Shaner. "Mesmo assim, ele seguiu em frente com confiança." Entre os primeiros alunos de Shaner no aikidô estavam o xerife Kienast e seus delegados. Bob Braudis era um dos principais delegados de Kienast e seria seu sucessor como xerife. Antes disso, Braudis estabeleceria seu legado dando uma demonstração convincente de como se começa uma relação de forma amigável.

Braudis era um sujeito imponente e se encaixava no estereótipo de policial musculoso e sem rodeios. Mas sua presença contrastava fortemente com sua maneira de tratar as pessoas. Ele nunca elevava a voz, mesmo nos momentos mais tensos. Um caso serve de exemplo.

Num dia em que Braudis estava de plantão, surgiu um alerta de que havia um homem armado dentro de um restaurante local mantendo todos os clientes como reféns. Braudis foi o primeiro a chegar ao local e, de fora do prédio, avaliou a situação. A esposa do sujeito tinha se separado dele e o proibira de visitar sua filha, que ele avistara no restaurante. Em vez de tentar cumprimentá-la de forma pacífica, alguma coisa aconteceu na cabeça do sujeito. Ele sacou a arma e transformou todos em reféns.

O delegado Braudis analisou o perigo e adotou uma postura diferente. Desarmado, aproximou-se tranquilamente da janela. Percebendo que o delegado estava calmo, o homem armado permitiu que ele entrasse no restaurante. Lá dentro, Braudis dirigiu-se ao homem de forma civilizada, pedindo que ele pensasse nas consequências de seus atos, que poderiam levá-lo a nunca mais ver sua filha.

"A conduta tranquila de Bob, sua forma racional de discutir o que realmente interessava e sua empatia ante a raiva do suspeito fizeram o homem reconsiderar", escreveu Shaner. "E, quanto mais falava com Bob, mais o homem percebia que grande parte de sua raiva era de si mesmo. Em pouco tempo, ele largou a arma. Seu comportamento mudou. Bob explicou que se ele saísse algemado acalmaria todos os policiais fora do restaurante, e nenhum dos dois correria risco de levar um tiro. O homem concordou, e o conflito terminou em paz."[4]

Pense nessa história toda vez que for escrever um e-mail para alguém que o deixou frustrado ou com raiva. Você vai começar num tom civilizado e cortês ou se deixará levar pelas emoções? Será que você pode perguntar sobre a vida e o trabalho da pessoa ou criar um elo falando sobre algum interesse em comum, revelando algo sobre si? Ao começar de maneira amigável, você terá muito mais chance de alcançar os resultados positivos que busca, sobretudo se a relação estiver estremecida.

Certa vez, Abraham Lincoln disse: "Não gosto daquele homem. Tenho que conhecê-lo melhor."[5]

Se você acredita que construir uma relação amistosa será crucial para alcançar o resultado desejado, utilizar mensagens de texto, chats ou outras formas abreviadas de comunicação não o levará muito longe. Com a limitação de espaço e a ausência de entonação e de sinais não verbais que o ajudem a transmitir o que está sentindo, será muito difícil criar o nível de comunicação necessário para transmitir amabilidade. Se você não consegue marcar um encontro pessoal, pelo menos utilize um meio de comunicação que lhe proporcione tempo e espaço para transmitir o grau de amabilidade que regia as relações humanas na época de Carnegie. É preciso ter criatividade e um pouco mais de tempo para replicar o efeito de um sorriso caloroso e de um firme aperto de mãos, mas é possível.

"As redes sociais exigem que os líderes empresariais comecem a pensar como donos de lojas de cidadezinhas", afirma o empreendedor Gary Vaynerchuk, autor do livro *Gratidão: como gerar um sentimento incrível de satisfação em todos os seus clientes.*

> Isto significa valorizar o longo prazo e evitar parâmetros de curto prazo para medir seu progresso. Em resumo, o empresário terá que reaprender a ética e as habilidades que eram naturais para nossos bisavós. Apenas as companhias que descobrirem como se comportar da forma antiquada – e com autenticidade – terão a possibilidade de competir.[6]

Houve uma época em que as pessoas saíam de casa usando as melhores roupas e cumprimentavam todos com quem cruzavam a caminho do trabalho. Era uma época em que um encontro era realmente um encontro, e conversar significava visitar alguém, não usar o telefone. Embora hoje possamos interagir com pessoas do outro lado do mundo, e as conexões presenciais sejam cada vez menos frequentes, ainda é crucial tratar as pessoas da mesma forma que as trataria se estivessem diante de você. Dono de um crescente império de vinhos, Vaynerchuk explica: "Falamos com cada indivíduo como se estivéssemos a seu lado, na casa de sua mãe, para jantar."[7] Esse é o comportamento adequado, pois coloca a responsabilidade exatamente onde deve estar – nos ombros do mensageiro.

O erro que muitos cometem é transferir o ônus da responsabilidade para o destinatário da mensagem. Usamos as respostas do nosso interlocutor como único parâmetro para saber se adotamos a abordagem correta ou causamos a impressão correta. Isso é um problema por dois motivos.

Primeiro, porque gera preguiça na hora de avaliar o papel das motivações na formação de elos. Se nosso único motivo para formar uma conexão é obter uma ótima resposta, tendemos a ser meros provocadores, preocupados apenas com o próximo grande truque para atrair o interesse das pessoas. O problema é que a capacidade de impressionar o outro tem pouco valor quando tentamos formar uma conexão verdadeira.

Segundo, respostas podem ser enganosas, sobretudo no começo. Um tuíte pode gerar muitos retuítes, mas isso não significa que os que retuítam sua mensagem se tornaram seus fãs ou amigos. Eles podem estar pensando em outras pessoas que podem se beneficiar da mensagem ou talvez se interessem pelo seu produto; ou pior, talvez só estejam retuitando sua mensagem para fazer os outros rirem de sua falta de conhecimento, sinceridade ou tato. Uma campanha de marketing on-line pode causar um pico nos acessos no site ou uma campanha na mídia impressa pode gerar muito burburinho, mas empresários sensatos sabem que isso não significa que relacionamentos estão sendo criados.

Existe uma grande diferença entre engajamento e interesse. O interesse é irritante de diversas maneiras. Frequentemente começa e termina num nível superficial, porque as principais emoções provocadas são a curiosidade, a surpresa ou a antipatia.

Já o engajamento ocorre num nível mais profundo e atinge os valores essenciais da pessoa. E quando atingimos esses valores essenciais somos considerados merecedores de um relacionamento. Quando você se envolve com outra pessoa de forma amigável, informa a ela que é merecedora de amizade, alguém que você gostaria de chamar de amigo. É por isso que "quem semeia cortesia colhe amizade."[8]

Se você quer ser seguido e ter sua voz ouvida, comece o relacionamento de forma amigável. A primeira impressão é muito mais memorável do que qualquer coisa inventada por alguém que só quer atrair sua atenção.

Muitos anos atrás, quando ainda era um garoto que caminhava descalço pelo bosque para ir a uma escola rural no noroeste de Missouri, Carnegie leu uma fábula sobre o sol e o vento. A história serve como um lembrete do poder que tem o princípio de conquistar a confiança dos outros.

O sol e o vento discutiam para saber quem era o mais forte. Em certo momento, o vento disse: "Vou provar que sou eu. Está vendo aquele velho de casaco? Aposto que consigo tirar o casaco dele mais depressa do que você."

O sol se escondeu atrás de uma nuvem e o vento soprou até quase se transformar num tornado; porém, quanto mais forte o vento soprava, mais o homem se agarrava ao agasalho. Por fim, o vento desistiu. Em seguida, o sol saiu de trás das nuvens e abriu um sorriso gentil para o velho, que logo em seguida começou a secar a testa e, por fim, tirou o casaco. No fim, o sol disse ao vento que a gentileza e a amizade eram sempre mais fortes do que a fúria e a força.

Essa é uma lição útil em uma época que parece recompensar volume, velocidade e impacto. Essas recompensas têm pouco valor a longo prazo, pois um engajamento duradouro precisa ser continuamente autenticado com benefícios e confiança mútuos. Se você não estabelecer alicerces para os dois desde o início, utilizando para isso um sentimento amistoso, ficará mais difícil conquistá-los a cada dia que passa. E, se esperar demais ou tentar chamar atenção de forma rasa, não convencerá o outro a formar um vínculo real. E implorar por comprometimento nunca é algo positivo.

"O envolvimento deve ser sincero para funcionar", escreve Vaynerchuk. "Nunca subestime a capacidade das pessoas de detectar de longe uma tática covarde e burocrática. Esse é um grande motivo pelo qual tantas empresas que se limitam a mergulhar o dedão do pé nas redes sociais fracassaram de forma contundente."[9]

Fazer amigos começa com amabilidade e generosidade.

5

Descubra uma afinidade

CURTIR. ADICIONAR AMIGOS. Seguir. Compartilhar.

Na era digital, muitas vezes a afinidade surge antes mesmo de nos conhecermos pessoalmente. Na época de Carnegie, amizade e compartilhamento andavam de mãos dadas. Você conhecia alguém. Você conversava. Você descobria um interesse em comum e, então, uma afinidade que levava a uma amizade mais profunda. Hoje as pessoas seguem você no Twitter, pertencem ao mesmo grupo do Facebook ou curtem sua última *live* antes mesmo de se conhecerem. Muitas vezes as pessoas descobrem vários pontos de afinidade antes de se encontrarem.

A partir do que curtimos e não curtimos, damos e recebemos permissão para fazer e desfazer acordos com base apenas na afinidade. Temos pontos de afinidade e discordância e, em geral, nos aproximamos e influenciamos aqueles com quem temos mais coisas em comum. Isso pode funcionar como um tremendo impulso à construção de relacionamentos duradouros, baseados em influência real.

Não estamos falando sobre a lei da atração. Você pode querer ter muitos amigos sob sua influência, mas nada vai acontecer se você não tomar uma atitude de verdade para construir os relacionamentos. Estamos falando daquilo que o escritor John C. Maxwell chama de "lei do magnetismo".

"Líderes eficazes estão sempre em busca de boas pessoas", escreve ele, e prossegue:

> Pense nisso. Você sabe quem está procurando neste exato momento? Qual é seu perfil de funcionário perfeito? Que qualidades essa pessoa deve ter? Quer que seja agressivo e empreendedor? Está buscando um líder? Faz diferença ele ter 20, 40 ou 60 anos? [...] O que vai determinar que a pessoa que você quer é aquela que você conseguirá, que ela terá as qualidades que você deseja? Talvez você se surpreenda com a resposta, mas, acredite ou não, o que você vai ter não é determinado pelo que você *quer*. É determinado pelo que você é.[1]

Uma curtida atrai outra – tanto pela personalidade quanto pelo que ambas as partes têm em comum. Porém, é possível começar um relacionamento com uma vantagem inicial. Podemos nos certificar de que existe afinidade antes mesmo de abordar a pessoa. Na era digital, o botão de curtir serve como uma porta de entrada perfeita para obter influência.

Quando alguém entra no mesmo grupo do Facebook, segue seu blog ou faz comentários num post do seu perfil no Instagram, está dizendo "sim" a você. Isso lhe proporciona uma posição poderosa, que você deve manter se quiser influenciar aquela pessoa.

Quando uma pessoa diz "não", dentro dela ocorre uma sequência de reações fisiológicas que a põe na defensiva, pronta para recuar. Quando diz "sim", está numa posição de aceitação, de abertura, de seguir em frente. Assim, quanto mais "sim" você puder obter numa interação, mesmo que tenham pouco a ver com o assunto principal, mais fácil será fazer a pessoa concordar com você ao longo do caminho.

Ou seja, conseguir o "sim" será muito mais fácil se você começar com um "sim".

Temos uma oportunidade clara de começar o diálogo com um "sim". Com as inúmeras oportunidades de nos conectarmos com pessoas interessadas em quem somos e no que temos a dizer, sobram poucas razões para começar um relacionamento ou até mesmo uma conversa com o pé esquerdo. Mais do que isso: hoje, as organizações têm o poder de fazer seus membros dizerem "sim" apenas com base na influência da comunidade. A Microsoft compreendeu isso muito bem quando lançou o Windows 7.

A gigante da computação tinha sofrido um forte revés no lançamento do Windows Vista, sistema operacional que foi alvo de chacota universal, mas estava pronta para voltar à briga com seu Windows 7 e tinha aprendido com a experiência passada. Ela precisaria ter seus clientes, os usuários do Windows, a seu lado desde o início. Teria que fazê-los dizer "sim". Para isso, primeiro precisaria encontrar seus fãs, os influenciadores em potencial na comunidade de usuários de PC.

O livro *Empowered* (Empoderado), de Josh Bernoff e Ted Schadler, explora a estratégia que a Microsoft usou para voltar ao ringue. Para combater os engenhosos comerciais que comparavam o PC ao Mac, descrevendo o PC como um sistema operacional nerd e ineficiente – nada mais que uma calculadora ultrapassada –, a Microsoft pediu que seus usuários mandassem vídeos com o tema "Eu sou um PC" diretamente pelo seu canal do YouTube. Em seguida, a empresa reuniu e editou os vídeos para criar um início poderoso para sua campanha de marketing baseada no "sim".

Quando lançou a versão beta do Windows 7 para usuários-alvo, fez os feedbacks circularem em blogs, no Twitter, no Facebook, em fóruns de discussão e outras comunidades on-line. Na preparação do lançamento no mercado, criou um feed moderado de conteúdo postado em outros sites e plataformas e apresentou o feed em seu site, na página do Facebook e em outros lugares. Criou uma publicidade em que apresentava usuários, destacando o conceito de que o Windows 7 tinha sido projetado, em parte, como resultado de sugestões de clientes. O mote: "Eu sou um PC e o Windows 7 foi ideia minha."

O golpe de mestre da Microsoft, porém, foi a forma como fez seus fãs comemorarem o Windows 7 e compartilharem isso com os outros. Isso ofereceu aos fãs uma oportunidade – a de se sentirem importantes.

Se você fosse um fã do Windows 7, poderia se inscrever para oferecer uma festa em casa a fim de mostrar os novos recursos do sistema – a Microsoft lhe enviaria todo o material. Rapidamente a notícia sobre a chance de dar uma festa se espalhou pelas redes sociais, e em pouco tempo dezenas de milhares de pessoas em 14 países tinham se inscrito. A Microsoft estima que essas festas tenham atingido cerca de 800 mil pessoas, incluindo anfitriões e convidados.[2]

Considerando a forma como tinha sido lançado o Windows Vista, os usuários de PC poderiam ter dito "não" ao Windows 7 logo de cara, mas a Microsoft os fez dizerem "sim".

Quando começamos com um "sim", criamos uma afinidade no nível mais básico. Mas, para transformar a afinidade em influência, é preciso haver empatia. Precisamos ser capazes de enxergar, a todo momento, a interação do ponto de vista do outro. Só assim saberemos o valor definitivo dos nossos pontos de afinidade.

O problema é que, em vez de usar as oportunidades das redes sociais para nos ajudar a começar com um "sim" e manter o comprometimento necessário, frequentemente ignoramos o que os outros querem e os bombardeamos só com o que nos interessa. Em vez de fazê-los dizer "Sim! Sim!", nós os obrigamos a dizer "Pare! Pare!". O guru das redes sociais Chris Brogan chama isso de nevasca de negócios em vez de uma suave nevada de comunicação:

> Conversas e relacionamentos se baseiam em diversos toques. No mundo tradicional do marketing e da comunicação, as pessoas usam cada toque para pedir alguma coisa, para emitir um chamado à ação. Não é assim que funcionam as redes sociais. [...] Elas existem para permitir que você entre em contato com alguém que optou por ter um relacionamento com você. [...] É uma nevada. Individualmente, os flocos de neve não significam muito, mas, quando juntamos o volume, a coisa pode mudar de figura.[3]

Se quiser começar e continuar no "sim", você deve oferecer o que as pessoas querem. Só assim alcançará um nível de confiança que lhe permita transmitir, com segurança, sua verdadeira mensagem, seja ela um produto, um serviço ou uma causa.

Claro, esse princípio é igualmente relevante e necessário fora do mundo virtual. Um jornal tinha a política de entregar um novo exemplar a clientes que reclamassem de danos causados pelas condições climáticas.

Com o passar do tempo, o aumento do preço da gasolina e a diminuição do número de assinaturas impossibilitaram que essa prática fosse mantida. Por isso eles enviaram a seus clientes o que acreditaram ser uma carta muito amistosa. Começava mais ou menos assim:

Prezado cliente,

Não iremos mais repor os exemplares que tiverem sido danificados por condições climáticas.

Em seguida, explicavam a mudança de política. Já no fim da carta, escreviam isto:

Se você receber um jornal danificado, por favor, nos informe, para abatermos o valor correspondente em sua próxima fatura.

A primeira reação dos clientes provavelmente foi de irritação e protesto. No fim da carta, estavam irritados demais para levar em conta que uma alternativa - possivelmente uma alternativa melhor - estava sendo oferecida.

Suponha que a empresa tivesse escrito a carta da seguinte maneira:

Prezado cliente,

Sabemos como é frustrante quando o jornal que você recebe está danificado devido às condições climáticas. (Sim, é frustrante mesmo!) *Você paga por um produto e um serviço e espera obter qualidade.* (Sim, espero!) *Por isso, a partir de agora vamos oferecer o reembolso total do valor de cada jornal que você receber danificado pelas condições climáticas.* (Ah, é? Ótimo!)

Também queremos que você saiba que nosso negócio tem sido afetado pelo aumento do preço da gasolina. Logo, não poderemos mais oferecer a entrega de jornais em substituição aos danificados. Nesse caso, pedimos que entre em contato conosco para ser reembolsado. (Ah, está bem.)

No mínimo, os clientes devem ter enxergado as ações da empresa de maneira muito mais favorável.

Existem duas formas de concordar. Precisamos ter as duas em mente no que diz respeito às nossas interações. A primeira é mais comum e envolve duas partes que têm a mesma opinião sobre determinada questão. Nesse caso, pressupõe-se que em algum momento ambas as partes dialogaram e concluíram que tinham opiniões semelhantes. A maioria das pessoas acredita que a concordância com base no diálogo é a única que existe.

Mas existe outro tipo, que era muito menos plausível na época de Carnegie, mas que hoje se tornou fundamental. Ocorre quando duas pessoas gostam da mesma coisa – ou, como se pode interpretar a partir disso, são pessoas semelhantes. Em geral, não chamamos esse tipo de harmonia de "concordância", mas, na era digital, é melhor encarar dessa forma, porque somos atraídos por aqueles com quem temos algo em comum.

Estabelecer esse ponto em comum ou essa afinidade logo de cara é uma nova forma de "sim". E quanto mais "sim" você tiver de cara, maior será sua probabilidade de obter *o* "sim" para sua ideia, solução ou negócio.

Encontre pontos de afinidade quanto antes e sempre que possível.

6

Dê crédito

Um aluno do Dale Carnegie Training Institute na Austrália divulgou a seguinte história, que serve como uma boa lição do que pode acontecer quando ignoramos esse princípio.

> Meu sócio e eu estávamos entre os maiores varejistas de produtos de informática em Brisbane. Tínhamos oito lojas, empregávamos mais de 60 pessoas e faturávamos mais de 10 milhões de dólares australianos por ano. Embora meu sócio tivesse me ajudado muito e fosse uma pessoa tranquila, eu acreditava que o sucesso do negócio se devia só a mim. Só havia um modo de dirigir a empresa: o meu. Quando havia qualquer possibilidade de discussão, eu tratava de fazer com que se tornasse realmente uma discussão e tentava sair vencedor a qualquer custo. Nunca começava nossas reuniões de maneira amistosa e frequentemente tratava meu sócio com complacência. Nunca levava seus sentimentos em consideração e sempre me perguntava por que ele não era mais parecido comigo.
>
> No fim das contas, eu de fato venci todas as discussões e fiz tudo do meu jeito, mas perdi o sócio e, com isso, a empresa. Depois que aprendi esse princípio, reconsiderei tudo o que aconteceu e hoje

> compreendo que eu estava errado. Vivo pensando que, se soubesse disso mais cedo, hoje meu negócio seria completamente diferente. Sei que agora não posso mudar o passado, mas reconheço meus erros e tento não repeti-los.

Atualmente, esse senhor é uma pessoa diferente. "Agora eu sempre pergunto aos meus sócios quais são suas metas antes de estabelecer as minhas", escreveu ele. "Depois eu me pergunto: 'O que posso fazer para que este relacionamento os ajude a alcançar as metas?'"

É fácil compreender por que queremos ter crédito pelo sucesso do nosso trabalho, mas ao reivindicar todo o crédito você nunca fará amigos. Pelo contrário: vai diminuir sua influência.

Qual é a pior característica de um líder? Pergunte a seus comandados e eles responderão que é a de ficar com o crédito pelos sucessos e transferir a culpa pelos fracassos. Poucas atitudes deixam tão claro que o sujeito se considera o centro de tudo. E poucos comportamentos afastam as pessoas mais rapidamente do que esse.

Quem quer um amigo que se acha o centro do universo? Quem quer um chefe que não leva em conta a sua contribuição? São perguntas fáceis de responder. E responder à pergunta inversa é igualmente fácil: quem quer um amigo que não faz questão de receber os louros da vitória? Quem quer um chefe que valoriza a sua contribuição?

"Dar crédito é um multiplicador mágico", escreve o blogueiro da *Forbes* August Turak, ex-funcionário e fundador da MTV.

> Essa estratégia funciona bem tanto nos negócios quanto na vida pessoal. Para utilizar essa magia é preciso adotar uma postura de gratidão. Sem um sentimento sincero de gratidão, dividir o crédito não passa de um truque de manipulação destinado a sair pela culatra. [...] Não estamos falando de uma ciência exata. É uma questão de bom senso. Então por que roubamos os créditos com muito mais frequência do que dividimos? O culpado é o medo.[1]

O medo, nesse caso, deveria ficar reservado para a possibilidade de se tornar uma pessoa que não tem coragem de compartilhar o espólio do sucesso. Turak cita uma homilia que ouviu certa vez e que ressalta muito bem este aspecto:

> "O mar da Galileia está enxameando de peixes e vida", começou o sacerdote. "O mar Morto está morto e destituído de vida. Ambos são alimentados pelas espumantes águas do rio Jordão; então por que essa diferença? O mar da Galileia cede todas as suas águas, que seguem adiante, enquanto o mar Morto as mantém para si. Assim como o mar Morto, quando guardamos tudo o que é fresco e bom para nós mesmos, tornamos nossas vidas uma sopa salobra feita de lágrimas salgadas."

Quando você der o devido crédito a alguém, evite fazer isso com falsa modéstia, apenas como uma forma dissimulada de buscar os refletores. É o que chamamos de síndrome do mártir. O princípio que estou sugerindo nasce não da busca de atenção, mas da certeza absoluta de que você será uma pessoa muito melhor quando aqueles à sua volta souberem que desempenham um papel importante não só no seu sucesso profissional, ao trabalhar em equipe, mas também no seu sucesso pessoal.

Assista a qualquer premiação e você verá essa dinâmica em ação, sobretudo entre as pessoas mais nobres e generosas. Qual é o momento mais esperado? O discurso do vencedor. E o que é esse discurso senão uma lista de agradecimentos aos responsáveis pelo sucesso de quem venceu? Alguns dirão que esse momento é apenas parte do script, mas o rosto das pessoas citadas na plateia conta uma história diferente. Conforme a câmera passa por elas, todas estão radiantes - algumas até choram de alegria, compartilhando o sucesso e retribuindo a gratidão.

Talvez não seja coincidência que Greer Garson, a mulher que fez o discurso mais longo da história do Oscar - cinco minutos e meio -, seja, junto a Bette Davis, a recordista de indicações consecutivas na categoria de Melhor Atriz (cinco). Será que toda essa gratidão não foi importante para ela ter feito tanto sucesso?

Dizem que para ser bem-sucedido você deve se cercar de pessoas bem-sucedidas. Embora haja certa verdade nessa afirmação, poucos veem que existem duas maneiras de encarar essa ideia. Ou você pode fazer amizade com pessoas já bem-sucedidas ou pode buscar o sucesso para aqueles que já são seus amigos. Qualquer que seja o caminho, uma coisa é certa: seu sucesso sempre é medido pelo número de pessoas que querem vê-lo ser bem-sucedido. Mas um desses dois caminhos oferece melhores resultados.

Quando você busca a amizade daqueles que já são bem-sucedidos, não há garantias de que eles vão desejar que você também tenha sucesso. Talvez você precise se esforçar para não ser visto como sanguessuga. Por outro lado, quando você busca o sucesso para os que já são seus amigos, pode ter certeza de que essas pessoas vão desejar o mesmo.

Dar crédito a quem merece é um estilo de vida que você cultiva porque se sente grato por ter essas pessoas na sua vida e pelo que elas dão a você. É colocar o sucesso do outro em primeiro lugar e confiar tanto no que você é quanto no poder da reciprocidade.

Mark Twain certamente confiava em quem era; e Henry Irving não podia acusá-lo de não tentar confiar no poder da reciprocidade. Certa vez os dois contemporâneos literários tiveram uma divertida conversa que demonstra claramente esse princípio.

Henry Irving estava contando uma história a Mark Twain.

– Você nunca ouviu essa, ouviu? – perguntou ele depois do preâmbulo.

Twain garantiu que não tinha ouvido. Pouco depois Irving fez uma pausa e perguntou a mesma coisa. Twain deu a mesma resposta. Irving continuou, mas quase chegando ao clímax da história parou novamente e perguntou:

– Tem certeza de que nunca ouviu esta história antes?

Três interrupções foram demais para Twain.

– Eu sou capaz de mentir duas vezes por educação, mas esse é o meu limite. Não posso mentir uma terceira vez de jeito nenhum. Eu não só já ouvi a história, como fui eu que a inventei.[2]

Twain poderia tranquilamente deixar passar a ironia e não falar a verdade. Ele ligava para o fato de a história ser de sua autoria? Não. Estava contente porque a história que criou o estava ajudando a ter uma boa conversa. Embora tenha ele desistido no fim – podemos culpá-lo? –, essa divertida anedota mostra que não importa quem tem crédito por algo, desde que esse algo beneficie todas as partes envolvidas.

Existe uma palavra inerente ao princípio de dar crédito a quem merece: reciprocidade. Não damos para receber algo de volta, como se fosse um negócio. Damos para nutrir os relacionamentos – e ao fazer isso sabemos que seremos recompensados. A reciprocidade é um subproduto natural de um relacionamento em que duas pessoas compartilham alegrias e tristezas. "Alegria compartilhada é alegria em dobro, tristeza compartilhada é tristeza pela metade", diz o provérbio. Em relacionamentos verdadeiros, amigos buscam maneiras de recompensar amigos.

O que aconteceria se esse espírito se disseminasse numa empresa, num nicho do mercado ou mesmo em toda uma cadeia de valores? Duas coisas são certas: (1) todos os envolvidos curtiriam muito mais a vida e (2) o sucesso seria mais provável quando a colaboração ocorresse naturalmente. Mais do que nunca, hoje temos o poder de disseminar esse espírito.

A longo prazo, somente o dono original da ideia se lembra de coisas como quem falou o que primeiro ou quem assumiu primeiro o risco. Em geral, as pessoas se lembram da grandeza de espírito. É um paradoxo interessante: quanto mais crédito você dá aos outros por algo que você mesmo fez, mais lembrado você se torna e, no fim, mais acaba recebendo o crédito.

Certa vez Ronald Reagan afirmou: "O que eu realmente gostaria é de entrar para a história como o presidente que fez os americanos acreditarem em si mesmos novamente." Com base apenas nessa citação é possível fazer uma análise precisa da personalidade do ex-presidente americano. Ele estava no jogo para que os outros pudessem ganhar. Suas metas políticas centravam-se na inspiração e no sucesso daqueles a quem servia no cargo de presidente.

Talvez o que melhor caracterize Reagan seja a inscrição que ficava no Salão Oval durante seu mandato: "Não há limites para o que um homem pode fazer, ou aonde pode chegar, se ele não fizer questão de receber o crédito."[3]

Esse é o caso de muitas pessoas influentes. Elas têm um propósito mais elevado, que transcende motivações políticas, burocráticas ou prejudiciais aos outros. Reagan ignorou os comentários sobre seu legado dizendo que não estaria vivo para ouvir o que acadêmicos e historiadores falariam a seu respeito. Por essas e outras ele cativou tanta gente como pessoa e como líder. Viveu e comandou uma nação buscando sempre o bem maior do país e fez isso com métodos não convencionais. Essa é a marca de uma pessoa que busca elevar os outros em detrimento de si mesma. É a mente não convencional que compreende que para ter sucesso não é preciso receber atenção e honrarias, e sim fazer parcerias e progresso.

7

Cative com empatia

JÁ FALAMOS SOBRE O FIASCO DO JOGO quase perfeito de Armando Galarraga, destruído por um erro grosseiro do árbitro no último lançamento. Quando você assiste ao replay, vê que o rosto de Galarraga passa da euforia à descrença num piscar de olhos. A gritaria da torcida é interrompida e faz-se um estranho silêncio. Em seguida começam ruidosas vaias e palavrões.

Galarraga foi privado desnecessariamente do que é considerado o santo graal das conquistas de um arremessador no beisebol. Isso é ainda mais enlouquecedor quando se pensa que ele não era um superastro, de quem se espera algo desse nível. Era um jogador mediano que tinha um número semelhante de vitórias e derrotas ao longo da carreira. Talvez essa tenha sido sua única oportunidade de se tornar um astro entre os arremessadores, mas o momento acabou sendo estragado. Quem o censuraria se atacasse o juiz, clamando por justiça? O próprio Joyce, após o jogo, disse que se fosse ele iria com tudo para cima do árbitro. Só que existe um outro lado - uma terceira dimensão - nessa história.

Mais memorável do que a perfeição frustrada de Galarraga ou o arrependimento de Joyce foi a reação do arremessador. O modo como lidou com a injustiça conquistou o mundo inteiro.

Numa entrevista depois do jogo, Galarraga admitiu que não sabia qual seria a marcação do juiz. Estava concentrado em pegar a bola e eliminar o rebatedor. Confirmou que estava decepcionado, mas admitiu que talvez o adversário tivesse chegado à base antes dele. Estava nervoso e empolgado. A tensão do momento o levou a confiar no julgamento calmo do juiz.

Após o jogo, no entanto, Galarraga assistiu ao replay e soube que tinha sido simplesmente privado de seu jogo perfeito. Porém, de algum modo, quando o juiz o procurou, foi capaz de dizer: "Sei que ninguém é perfeito." Ele havia percebido que Joyce estava arrependido e sabia que tinha uma escolha a fazer: deixá-lo ainda mais arrasado ou ver as coisas do ponto de vista do outro. Com isso em mente, Galarraga deu um abraço em Joyce para que este se sentisse melhor. Não foi uma demonstração de compaixão encenada para as câmeras. Galarraga estava sinceramente desapontado *e* ao mesmo tempo demonstrou uma empatia sincera. Na entrevista pós-jogo, reagiu consistentemente às perguntas e à situação da forma mais nobre possível. Não tentou pintar o juiz como vilão. Demonstrou humildade e alteridade, os precursores da empatia.

Numa era em que as pessoas fazem de tudo para se autopromover e divulgar a própria imagem, raramente paramos para pensar em como os outros se sentem.

Ninguém no mundo esportivo censuraria Galarraga se ele falasse mal do árbitro em rede nacional. Quem discordaria do jogador se ele usasse uma entrevista como plataforma para destruir a reputação de Joyce?

Só que Galarraga não fez nada disso. Seus comentários se concentraram em como o juiz devia estar se sentindo e na ideia de que ninguém é perfeito. Ficamos maravilhados com esse tipo de reação porque é incomum. Mas um aspecto intrigante e digno de nota é que o jovem arremessador consolidou um lugar mais memorável na história do esporte com sua reação à perda do jogo perfeito do que o que alcançaria se realmente tivesse atingido a perfeição.

O indivíduo capaz de envolver os outros de um modo que mereça essa distinção terá grande influência. Portanto, ao lidar com alguém, sempre pergunte a si mesmo: "Como eu me sentiria, como reagiria se estivesse no lugar dele?"

"Obtemos a cooperação na conversa quando demonstramos que as ideias e os sentimentos do outro são tão importantes quanto os nossos",[1] escreveu Gerald S. Nirenberg.

A todo momento ouvimos críticas aos líderes mundiais. Dizem que é fácil ficar sentado assinando documentos o dia todo. O que raramente testemunhamos é: "Não consigo imaginar a pressão que essa pessoa deve sofrer com o peso de um país inteiro sobre os ombros. Não consigo imaginar quanto tempo ela deve passar à noite acordada pensando se tomou a decisão correta ou disse a coisa certa em rede nacional."

Quando você pratica a alteridade e reflete sobre o ponto de vista do outro passa a ter simpatia pelos sentimentos e ideias dela. Você se torna capaz de honestamente dizer: "Não culpo você por sentir o que sente. No seu lugar, eu estaria do mesmo jeito." Esta frase, tão rara hoje em dia, chama a atenção das pessoas e as torna muito mais receptivas às suas ideias. A maioria está apenas em busca de alguém que as ouça e demonstre simpatia por sua causa, qualquer que seja. Ao fazer isso pelo outro, você está lhe oferecendo uma dádiva que vai melhorar seu dia, sua semana ou até seu mês.

Um homem fez o curso de Dale Carnegie durante anos e relatou como o interesse especial e autêntico de uma enfermeira impactou profundamente sua vida. Martin Ginsberg cresceu na pobreza, sem pai e com a mãe dependendo de um benefício do governo. Certo Dia de Ação de Graças, estava sozinho no hospital, à espera de uma cirurgia ortopédica. Sua mãe precisava trabalhar e não podia acompanhá-lo; a solidão o oprimia. Em certo momento ele escondeu a cabeça sob o travesseiro, debaixo das cobertas, e começou a chorar.

Nesse instante, uma jovem estudante de enfermagem apareceu, percebeu que ele estava chorando, sentou-se na cama, puxou as cobertas e o travesseiro para descobri-lo e enxugou suas lágrimas. Contou a ele que também se sentia solitária. Teria que trabalhar o dia inteiro e não poderia ficar com a família. Então perguntou ao jovem Martin se ele gostaria de jantar com ela.

Ele concordou.

Ela foi até a lanchonete e voltou com duas bandejas com um jantar de Ação de Graças. Conversaram por um bom tempo, e, embora seu turno acabasse às 16h, ela ficou até as 23h, quando ele adormeceu.

"Vivi muitos Dias de Ação de Graças, mas sempre me lembro dessa ocasião e dos sentimentos de frustração, medo e solidão que tomaram conta de mim, mas também do carinho e da gentileza de uma desconhecida que, de algum modo, conseguiu tornar tudo suportável", escreveu Ginsberg.

Não há desculpa para quem ignora o ponto de vista alheio. A maioria das pessoas revela detalhes da própria vida, buscando se tornar importante ou ter alguém que as ouça. Com uma pesquisa rápida, você ficará inteirado e não precisará fazer suposições. Se alguém é importante para você, seja por que motivo for, cada segundo que você passa tentando compreender melhor o ponto de vista dela é um segundo bem empregado.

Não somos criaturas empáticas por natureza – temos que trabalhar para chegar a isso. Muitos elementos influenciam nossas reações: a educação que recebemos, nossa fé, nosso poder aquisitivo ou a situação atual de nossa carreira. Esses e outros fatores se misturam às nossas emoções para produzir uma forma de envolvimento pessoal com os outros. Quando permitimos que as coisas que nos tocam pessoalmente configurem nossas percepções dos outros, nos tornamos mais influentes e nossas palavras podem ter um grande impacto.

Poderíamos nos tornar criaturas mais confiantes se aprendêssemos a valorizar as características mais marcantes de cada pessoa. Imagine quantas barreiras pessoais você derrubaria e quantas pontes criaria no trabalho, em casa ou com seus amigos se reagisse a problemas e disputas sempre com simpatia e benevolência. Que tipo de tratamento você receberia em troca? Que tipo de percepção os outros teriam a seu respeito?

Lembre-se: demonstrar empatia não é uma tática de networking que deve ser aprendida e utilizada para vantagem própria – é um grande passo para alcançar a riqueza nas relações humanas. É Galarraga abrindo mão de seu direito de criticar Jim Joyce e gravando seu nome no coração de todos os fãs de esporte no mundo inteiro. É o inegável poder de uma postura generosa e compreensiva.

8

Apele para motivos nobres

TODOS NÓS QUEREMOS FAZER PARTE de algo maior do que nós mesmos, ter importância para o mundo e para as pessoas. Queremos que digam que chegamos ao topo, que nos destacamos, que fomos longe e agimos de forma correta, honrada e verdadeira. Em um nível básico, esses mesmos desejos são o motivo de você estar lendo este livro.

Embora seja fundamental aprimorar nossos relacionamentos e melhorar nossa produtividade nos negócios, buscamos esses objetivos porque queremos fazer diferença. Quando apela para os motivos nobres ao lidar com pessoas que deseja influenciar, você pode obter grandes recompensas. E isso é mais simples do que você pensa.

Quando o magnata das comunicações Lord Northcliffe encontrava um jornal com uma foto dele que não queria ver publicada, escrevia uma carta ao editor. Ele não dizia: "Por favor, não voltem a publicar tal foto. *Eu* não gosto dela." Em vez disso ele apelava para uma razão nobre: o respeito e o amor que todos temos pelas mães. Escrevia: "Por favor, não voltem a publicar tal foto. Minha mãe não gosta dela."

Quando John D. Rockefeller Jr. queria impedir que fotojornalistas tirassem retratos de seus filhos, ele também apelava para motivos mais nobres. Não dizia: "Não quero que publiquem as fotos deles." Em vez disso apelava para nosso desejo inerente de evitar fazer mal às crianças: "Vocês entendem, rapazes. Alguns de vocês têm filhos e sabem que não é bom que crianças sejam tão expostas."

Esse tipo de abordagem vai além de simplesmente apelar para um motivo nobre: ele atribui ao outro certo status de nobreza. Transmite a mensagem: "Você é capaz de fazer a coisa correta, honrada e verdadeira." É um elogio sutil que, em essência, diz: "Eu acredito em você." Estas são palavras poderosas que levam as pessoas a agir, conforme aprendeu Sarah, aluna formada no curso de treinamento Dale Carnegie.

Ela e uma amiga estavam organizando uma viagem à Áustria e à Alemanha para um grupo de 10 pessoas. Contrataram uma empresa de ônibus para o translado da Áustria ao parque temático Europa Park, em Rust, na Alemanha. O preço combinado por e-mail foi de 965 euros. Uma semana antes, Sarah recebeu um e-mail de Peter, funcionário da empresa, perguntando qual Rust ela estava planejando visitar com o grupo. Se fossem visitar Rust na Áustria, o preço seria 965 euros, mas se era Rust na Alemanha, seria 1.889 euros.

Claro que Sarah ficou zangada com a mudança repentina de preço. Sabia que havia pouco tempo para conseguir outro transporte a um preço razoável. Estava diante de um dilema. Deveria encher a caixa de e-mails de Peter reclamando da mudança no preço? Ou havia outro modo de lidar com o problema?

Sarah concluiu que brigar com Peter não resolveria e ainda a deixaria com a questão do transporte nas mãos. Então decidiu adotar uma postura diferente. Apelaria para os motivos nobres de Peter e tentaria solucionar o impasse com uma argumentação honesta.

Assim, ela agiu com calma. Respondeu ao e-mail dele perguntando se havia dois Europa Parks diferentes em duas cidades diferentes, ambas chamadas Rust. Peter respondeu que não.

Sarah replicou com outro e-mail, incluindo a cópia da proposta original de Peter e explicou que havia especificado claramente que o translado era para o Europa Park, em Rust, na Alemanha, e que, com base na resposta anterior dele, só havia um. Então concluiu: "Peço gentilmente uma explicação para essa mudança de preço, e estou certa de que vocês são uma empresa respeitável, dão valor a suas propostas iniciais e fazem de tudo para manter a credibilidade perante seus clientes."

No dia seguinte Sarah recebeu um e-mail de desculpas de Peter, explicando que tinha havido alguma confusão da parte deles. Em seguida, confirmou com satisfação a proposta inicial.

Ao apelar para os motivos mais nobres de Peter, Sarah conseguiu resolver o problema sem maiores custos financeiros ou emocionais.

Grande parte das pessoas não reconhece esses motivos nobres em si mesmas quando criança, mas quando crescemos os vemos em nossos filhos e os sentimos crescer dentro de nós quando assistimos a filmes como *O discurso do rei*, *Gladiador* ou *Adoráveis mulheres*. De algum modo, todos queremos que nosso cotidiano tenha elementos heroicos.

"E se?", escreve o ex-conselheiro matrimonial e familiar John Eldredge. "E se esses desejos profundos estiverem nos dizendo a verdade, nos revelando a vida que *deveríamos* viver?"[1] Poucos são capazes de negar que existe algo nobre e redentor em cada um de nós.

Como somos idealistas de coração e preferimos sempre mostrar nosso melhor lado, gostamos de pensar em motivos que soem bem. Por isso, quando damos às pessoas uma oportunidade de fazer o mesmo, evitando supor que os motivos delas são egoístas ou enganosos, permitimos que elas se sintam mais valorizadas ao lidar conosco. Permitimos que provem que estamos certos em relação a elas.

As propagandas atuais são excepcionalmente competentes na aplicação desse princípio. Veja as campanhas para produtos ecologicamente corretos, a Campanha Dove Real Beleza e outros produtos que fazem o cliente ou a empresa parecerem ter motivos mais nobres. Organizações sem fins lucrativos também empregam essa tática e usam as redes sociais para propagar suas mensagens dessa maneira. E a tática funciona porque a maioria das pessoas vai reagir positivamente às suas propostas se sentir que você as admira por serem honestas, altruístas e justas.

Certo dia, no café da manhã, David Batstone, professor de negócios da Universidade de San Francisco, soube que um de seus restaurantes favoritos utilizava trabalho escravo. O artigo do jornal que revelava essa atrocidade descrevia como o restaurante ameaçava denunciar seus funcionários imigrantes ilegais para obrigá-los a trabalhar em condições terríveis.

A história pegou David de surpresa e despertou nele uma paixão que o levou a fundar a Not for Sale Campaign, organização que busca, entre outras coisas, denunciar o trabalho escravo em comunidades e empresas dos Estados Unidos.

Quando ouvimos David falar sobre a campanha, queremos nos juntar a ela, e esse é exatamente seu objetivo. David sabe que essa é uma questão que diz respeito a todos. A simples ideia de existir trabalho escravo na atualidade é abominável - causa indignação e mobilização para ajudar.

Em 2010, David e sua equipe deram início a uma nova iniciativa chamada Free2Work. O programa, na verdade, é um aplicativo para smartphones. O consumidor escaneia um produto e o aplicativo exibe a pontuação da empresa que o produz. Se, por exemplo, você quer comprar uma camisa da marca Patagonia, pode escanear o item, e o Free2Work lhe mostrará a nota da empresa, avaliando suas condições de comércio justo, emprego e fábricas no exterior.

Esse aplicativo estabelece um novo nível de responsabilidade para as fábricas de roupas e também para os consumidores. Agora não podemos mais dizer que não sabíamos de nada quando apoiamos empresas que utilizam trabalho escravo ou não são transparentes em suas fábricas ao redor do mundo.

Num nível mais profundo, o aplicativo mexe diretamente com os motivos nobres das empresas envolvidas. Quando são consideradas responsáveis por seus negócios e solicitadas a alcançar um padrão alto e humanizado, as empresas tendem a concordar. Compreendem que os consumidores, cada vez mais, querem saber como são feitos os produtos e como as companhias tratam seus funcionários.

A Free2Work Campaign mira os motivos nobres dos consumidores e das fábricas para estimular uma mudança cultural positiva. E você? Como pode estimular os motivos nobres de seus colaboradores e vendedores de modo que contribuam para mudar o éthos de uma indústria que pode estar precisando de um novo fôlego, novos padrões?

Hoje em dia essa é uma pergunta importante que deve ser respondida. A chave para alcançar um crescimento bem-sucedido e um impacto positivo dentro e fora do mercado é o que a perita em tecnologia digital Amy Martin chama de "o negócio da humanidade". Sua reação ao tsunami de 2011 no Japão é um exemplo do poder de apelar para motivos nobres na era digital.[2] Serve como um lembrete claro das consequências de não incorporarmos esse princípio.

Certa vez, Martin estava vendo o Twitter enquanto malhava. De repente, um tsunami atingiu o Japão, e o Twitter inteiro foi inundado de notícias. Martin ligou a TV e viu cenas ao vivo de veículos sendo levados e pessoas tentando desesperadamente fugir da onda avassaladora que se aproximava. "Eu não tinha certeza do que fazer, mas me senti responsável e compelida a ajudar de alguma maneira", escreveu ela.

Assim, Martin começou a peneirar os tuítes mais relevantes e compartilhá-los para sua legião de seguidores. Pediu a eles que lhe enviassem qualquer informação importante para que ela a compartilhasse com outros. Fez isso durante quatro horas, e sua atitude nada teve a ver com marketing ou promoção de produtos. Era sobre "pessoas se unindo virtualmente para ajudarem umas às outras", escreveu ela. "Era o negócio da humanidade."

Ainda assim, durante seus esforços humanitários, Amy Martin testemunhou algo alarmante: os noticiários televisivos disputavam uma inoportuna corrida por audiência. Enquanto ela estava no meio de um esforço virtual para ajudar de verdade, alguns importantes canais mostravam cenas dramáticas da catástrofe intercaladas com imagens de celebridades.

"Fiquei perplexa", escreveu Amy. "Na minha opinião, se essas organizações estivessem minimamente preocupadas com a forma como o público percebe sua marca, deveriam ter mais discernimento e procurar salvar vidas em vez de imprimir um toque hollywoodiano à história [...] Às vezes, é preciso deixar Hollywood de lado e focar na coisa certa a fazer."

Martin deixa claro algo que é fácil esquecer no calor do momento. Os muitos canais que acompanhamos são, antes de tudo, instrumentos de comunicação interpessoal projetados para que humanos se conectem. "Não foram inventados para marqueteiros", comenta ela.

Muitos seguidores de Martin escreveram no blog dela concordando e elogiaram seu apelo aos motivos nobres para ajudar quem precisava não só nas grandes redes de notícias como em todos os meios que pudesse usar em favor das pessoas impactadas pelo tsunami. Embora Martin não estivesse vendendo nenhum produto naquela noite, não admira que 1,3 milhão de pessoas a tenham seguido no Twitter e algumas das mais renomadas empresas, celebridades e equipes esportivas profissionais a tenham procurado pedindo orientações sobre o mundo virtual. Ela é uma daquelas pessoas que sabem que, para fazer negócios na era digital, é preciso ser competente no negócio da humanidade.

Muitas vezes ficamos satisfeitos com a simples ação de conseguir amigos ou seguidores nas redes sociais e deixá-los lá, como se fossem *commodities*, até estarmos prontos para envolvê-los em algum tipo de negócio. Esse sentimento elimina a nobreza inerente à nossa humanidade compartilhada. Transforma nossos relacionamentos em meros instrumentos de negócio, e não de transcendência.

Para se conectar de verdade, você deve enaltecer a dignidade das pessoas. Assim, ao mesmo tempo estará enaltecendo a *sua* dignidade. Apele para os motivos nobres e você conseguirá influenciar as massas e a si mesmo junto a elas.

9

Compartilhe sua jornada

CONVENCER ESQUIMÓS A COMPRAR GELO? Vender água do mar a um golfinho? Estimular consumidores a usarem algodão? Esta última ideia não parece ser um desafio nos dias de hoje. Olhe a etiqueta de cada peça de roupa que você tem e é bem provável que muitas, se não todas, sejam de algodão. Na década de 1970 certamente isso não aconteceria. O poliéster e os tecidos sintéticos estavam na moda. Não enrugavam, não manchavam e se ajustavam ao corpo. Resultado: a participação do algodão no mercado caiu para 33%.[1]

A indústria decidiu contra-atacar. Precisava que o algodão voltasse a ser desejável, então criou uma associação comercial, contratou firmas de publicidade e recolocou a matéria-prima no mercado. O lema que adotaram para salvar a indústria foi: "Algodão: o tecido das nossas vidas."

Chamaram celebridades para divulgá-lo. Existe uma propaganda famosa em que a ex-apresentadora de TV Barbara Walters, vestindo uma blusa havaiana, olha para a câmera e diz: "Algodão... ele está tornando minha vida confortável hoje."[2]

Quando a indústria de algodão foi ameaçada, seus membros tomaram a decisão estratégica de que a melhor forma de fazer as pessoas comprarem seu fio era costurar o algodão às histórias pessoais. O algodão não era só a fibra macia, branca e fofa, matéria-prima das nossas roupas; o algodão ganhou vida ao se ligar a uma linda história. Resultado: hoje o algodão domina dois terços do mercado de roupas.[3]

As pessoas não querem ser tratadas como *commodities* e, mais ainda, não querem que suas vidas sejam consideradas comuns. Elas querem se sentir importantes, e a melhor maneira de demonstrar isso é permitir que façam parte de uma história maior. Pessoas e negócios que compreendem esse princípio são imbatíveis.

Em 2011, a Apple estava no topo da pesquisa da revista *Fortune* como a empresa mais admirada do mundo, pelo quarto ano consecutivo.[4] Parte do segredo desse sucesso é um dos mais famosos anúncios de TV da história.

Em 1984, durante o Super Bowl, a grande final da Liga Nacional de Futebol Americano, a Apple apresentou pela primeira vez seu computador pessoal, o Macintosh. O objetivo do anúncio era fazer uma distinção entre o radicalmente novo Mac, um computador que estimulava a criatividade, e a conformidade das massas (para a Apple, representada pelo PC da IBM).

No anúncio, uma mulher jovem e atlética entra correndo com um martelo num recinto cheio de pseudo-humanos parecidos e vestidos da mesma maneira. Ela joga o martelo numa tela e destrói uma imagem no melhor estilo do Grande Irmão de Orwell. É a aurora de um novo dia. As pessoas não serão mais tratadas como números do Seguro Social com braços e pernas. A personalização é a onda do futuro.

Para comprovar esse conceito não precisamos recorrer ao enorme sucesso da Apple – uma simples marca de calçado já dá conta do recado.

Blake Mycoskie fundou a TOMS depois de ver uma cena que o deixou perturbado. Ele estava viajando por países em desenvolvimento quando percebeu um problema simples: a crianças não usavam calçados. E, se não usavam calçados, é porque tinham uma vida com privações. Assim, Blake decidiu fundar uma empresa que, a cada par de calçados vendido, daria um novo a uma criança necessitada.

No primeiro ano, ele teve o prazer de doar 10 mil pares de calçados. Hoje, o número já passa de 1 milhão por ano. E a história não termina aí. Uma tarde, no saguão de espera de um aeroporto, Mycoskie reparou numa garota calçando um par de sapatos vermelhos, dos que ele fabricava. Sem revelar sua identidade, perguntou sobre os calçados. A garota lhe contou toda a história por trás da marca TOMS, com tanta riqueza de detalhes que poderia competir com sua própria descrição da companhia. Foi nesse momento que ele se deu conta: "A verdade é que o que existe dentro desta caixa nem de longe é tão importante quanto o que ela representa. A TOMS não é mais uma empresa de calçados; é uma empresa de negócios *one for one* – um para um, algo personalizado."

"Além de atrair o interesse da mídia tradicional, como as revistas *Vogue*, *Time* e *People*, os calçados TOMS atraíram parceiros de prestígio", explica a poderosa blogueira Valeria Maltoni. "Ralph Lauren, que não tinha se associado a nenhuma marca durante 40 anos, se uniu à TOMS para criar sua marca de sapatos de rúgbi. A agência de publicidade que trabalhava com a AT&T criou um comercial para contar a 'história autêntica' de como Blake usava sua rede para manter contato com a empresa e trabalhar durante as viagens."

Maltoni conclui suas ponderações sobre o sucesso da TOMS com um comentário perspicaz sobre o poder desse princípio: "As pessoas lembram. E quando uma mensagem é uma missão, elas contam essa história a quem quiser ouvi-la – até mesmo um estranho num aeroporto. E, ao fazer isso, elas se tornam os mais ferrenhos defensores no marketing dos produtos... A lição é: a influência foi exercida."[5]

Embora as longas histórias sejam atraentes, o terreno das histórias curtas, pessoais, pode ser intimidador. Uma coisa é apresentar uma causa, cura ou mercadoria. Outra, totalmente diferente, é apresentar você mesmo.

Em abril de 2003, o escritor David Kuo estava dirigindo a caminho de casa, voltando de uma festa com sua mulher. Acordou numa emergência de hospital, onde ficou sabendo que tinha um tumor cerebral que provavelmente o mataria em questão de meses.

Às três horas da manhã daquele Domingo de Ramos, David e sua mulher, Kim, tinham que tomar uma decisão: até onde queriam que as pessoas soubessem de sua história? Até que ponto queriam compartilhá-la?

A tendência era manter a privacidade. Mas eles resistiram a esse impulso, e Kim começou a ligar para os amigos e a contar a história, pedindo que contassem a outros, para que orassem. Horas depois, tinha sido criada uma página para eles na CaringBridge.org, um site gratuito onde pessoas com doenças graves podem postar atualizações, pedidos e o que mais quiserem.

Nas semanas e meses seguintes, os Kuos decidiram que quanto mais informações conseguissem compartilhar, mais pessoas eles próprios poderiam ajudar – pois elas saberiam que não estavam sozinhas na batalha contra o câncer. Essa decisão mudou a vida do casal. David e Kim enxergaram sua história como parte de algo maior do que eles mesmos. Posteriormente, isso ofereceu uma oportunidade a eles e àqueles que enfrentavam desafios semelhantes.

O primeiro conselho? Compartilhe sua história.

Isso é algo que Ann M. Baker, de Seattle, aprendeu num curso de treinamento Dale Carnegie:

> A maioria das pessoas dá valor à privacidade, assim como eu. Quando tive que enfrentar câncer de mama, quimioterapia e radioterapia, não quis compartilhar a preocupação e o sofrimento. Mas, quando a notícia se espalhou por familiares, amigos e colegas de trabalho, fui inundada por e-mails de encorajamento. Mesmo conhecidos da família com quem nunca havia me encontrado enviaram e-mails com suas histórias, deram o número de telefone e mandaram cartões desejando meu pronto restabelecimento.
>
> Essa incrível demonstração de coragem e amor deu início a uma jornada de recuperação que mudou minha vida. [...] E, graças ao e-mail, sei que ninguém precisa ou deseja percorrer a estrada do câncer sozinho, porque a vida não diz respeito só a mim. Diz respeito a todos nós.

Nada impede que algo que "diga respeito a todos nós" seja também "bom para mim". Uma blogueira com mais de 1 milhão de seguidores divulgou que iria passar por uma cirurgia de Lasik para corrigir um problema de visão. E ela não só iria passar pela cirurgia como iria transmiti-la ao vivo, em seu blog, para todos os interessados em fazer a cirurgia. Seu lema era "transparência em tudo". No fim, não só a cirurgia foi um sucesso, como ela descobriu um modo totalmente novo de usar o mundo virtual para compartilhar nossas jornadas particulares. Ela cita como exemplos o *streaming* ao vivo do casamento de uma amiga e o caso de um cliente que usa o *streaming* ao vivo para assistir aos jogos de futebol de seu filho quando está viajando a trabalho.

"Além do esporte, do entretenimento e do marketing, em que outras áreas podemos usar a transmissão de vídeos ao vivo?", pergunta ela. "Esse modelo adotado como um novo canal de comunicação? [...] E quanto a casamentos, formaturas, reuniões de clubes, cerimônias religiosas, aniversários, treinamentos, conteúdos instrucionais, aulas de culinária, nascimentos e até funerais? Com esse recurso, as possibilidades são infinitas."[6]

Na maior parte do tempo, a vida tem pouca ou nenhuma emoção. Com a era digital você tem muitas oportunidades de oferecer às pessoas uma visão autêntica de quem é ou do que sua empresa quer ser, criando pontos de contato que o ajudam a ter um relacionamento mais próximo com os outros. É fácil fazer um vídeo em vez de apresentar algumas ilustrações. É fácil criar um site dinâmico para uma nova empresa ou organização. É fácil usar a videoconferência em vez de dar um telefonema, e é fácil fazer uma apresentação convincente em vez de simplesmente relatar o que for necessário. Agora as pessoas também *esperam* essas coisas.

Para fazer sua ideia ir para a frente, adote uma abordagem única. Vá além dos limites de seu computador e faça algo que as pessoas não veem todo dia. Use todas as ferramentas disponíveis e sua imaginação para tornar suas ideias mais profundas, interessantes e dramáticas. Compartilhe suas histórias e as pessoas vão querer compartilhar as delas. Juntos, vocês vão criar uma história nova e maior.

É cada vez mais normal - e eficaz na construção de relacionamentos influentes - haver uma interseção autêntica da vida pessoal com a profissional. Embora essa interseção sempre tenha certas fronteiras sensatas, muitas das fronteiras historicamente atribuídas aos negócios vêm diminuindo ou sendo totalmente removidas, porque a maioria das pessoas percebeu que o sucesso de todas as interações - a curto e a longo prazo - ocorre em função da profundidade do relacionamento. Quanto mais um colega, amigo ou cliente compartilha sua jornada, mais feitos vocês serão capazes de realizar juntos.

Quando a sua jornada é a nossa jornada, ambos queremos ver até onde ela vai.

10

Lance um desafio

QUANDO SE DISCUTE QUAIS SÃO OS MELHORES jogadores da história da NBA, a liga de basquete norte-americana, quase sempre dois nomes são citados: Larry e Magic.

Larry Bird e Earvin "Magic" Johnson foram, individualmente, dois dos mais impressionantes jogadores que já pisaram nas quadras de basquete – passadores talentosos que tinham um sentido quase sobrenatural para saber onde estavam os outros jogadores em quadra. Eram praticamente imbatíveis nos momentos decisivos. Orgulhavam-se de sua atuação tanto na defesa quanto no ataque e trabalhavam mais duro do que qualquer um de seus companheiros de equipe.

Eles marcaram o basquete durante uma década. Magic venceu Larry no campeonato de 1979 da liga universitária e depois o venceu novamente no campeonato de 1984 de NBA. Larry venceu Magic em 1985 e depois perdeu novamente para ele em 1987.

Durante a maior parte de suas carreiras eles não se deram muito bem, mas o respeito era recíproco e sem limites. Então, em 1991, inesperadamente Magic foi obrigado a abandonar o basquete, pois tinha contraído HIV. Um dia após o anúncio de Magic, Bird estava se preparando para uma partida comum da temporada. Alongou as costas, fez uma corrida leve pelos corredores do ginásio, treinou arremessos de suas posições costumeiras... e pela primeira vez na vida não estava com vontade de jogar. Seu rival, que àquela altura se tornara seu amigo, havia abandonado o esporte. Magic tinha desempenhado um papel fundamental em fazer com que Bird fosse quem era.

Meses depois, na cerimônia de sua aposentadoria, Magic disse: "Quero agradecer a Larry Bird pessoalmente por ter extraído o melhor de Magic Johnson, porque, sem você, eu nunca teria chegado ao topo."[1]

Algumas pessoas parecem pensar que "competição" é um palavrão. Não é. A competição é uma das mais estimulantes realidades do mundo natural. Se a conexão é necessária para nos manter prosperando, a competição é necessária para nos manter batalhando.

"Assim como o ferro afia o ferro, um homem afia outro homem", escreveu o rei Salomão, terceiro monarca de Israel.[2]

O som do ferro afiando o ferro é tão sutil quanto o som de unhas arranhando um quadro de giz. O rei Salomão acreditava que a única maneira de extrair o melhor de si mesmo e dos outros é desafiando e provocando o atrito. Embora uma vida inteira de eternas gentilezas pareça mais confortável e pacífica, uma vida rodeada de relacionamentos complacentes é uma vida infrutífera.

Um desafio não precisa envolver sangue, suor e lágrimas. Numa campanha nas redes sociais em 2010, a Coca-Cola lançou um desafio aos consumidores – o de não sorrir.

A empresa instalou uma máquina de vendas especial num campus de faculdade. A máquina não liberava apenas refrigerantes. Surpreendia os estudantes com coisas que iam desde garrafas de Coca-Cola grátis a um buquê de flores, uma pizza ou um sanduíche de quase 2 metros.[3]

Câmeras gravavam tudo, e os resultados eram transmitidos pelo YouTube. A alegria e a surpresa dos estudantes recebendo os brindes – alguns comemorando, outros se abraçando, todos sorrindo e caindo na gargalhada – também provocou sorrisos no rosto de cerca de 10 milhões de pessoas que assistiram aos vídeos. O desafio era não sorrir, portanto o resultado do desafio foram milhões de fracassos, exatamente o que a Coca-Cola esperava.

Um dos fatores que mais impulsionaram a internet no começo foi a competição ferrenha entre a Microsoft e a AOL (America On Line). Já totalmente esquecida nesta era de Apple e Google, a batalha AOL versus Microsoft acelerou a disponibilização de serviços de ponta. Ambas as empresas sonhavam com o dia em que os clientes fariam a maioria de suas transações, obteriam a maior parte de suas informações e viveriam um bom tempo de suas vidas on-line.

As companhias se odiavam, e suas culturas eram completamente opostas – uma era uma empresa de marketing voltada para o consumidor que, por acaso, estava utilizando a tecnologia, e a outra era uma empresa de tecnologia que, por acaso, estava usando o marketing voltado para o consumidor.[4] A AOL tinha deposto contra a Microsoft num processo antitruste. Ainda assim, a competição tornou as duas companhias maiores e mais bem-sucedidas do que se cada uma existisse sem a outra.

Todo mundo enfrenta desafios na vida, e as pessoas costumam dizer que não importa quais sejam, e sim a forma de reagir a eles.

Verdade.

Algumas pessoas se machucam, adoecem ou ficam chateadas e desistem de seus objetivos. Com isso, se jogam na correia transportadora para a sepultura.

Outras chegam às alturas. Veja o caso de Teddy Roosevelt. Na infância, era um garoto doente, que sofria de uma asma grave que poderia até matá-lo. Com frequência tinha dificuldade para respirar, e a asma enfraqueceu seu coração. Mas, quando tinha 12 anos, seu pai o desafiou:

– Theodore, você tem a mente, mas não tem o corpo, e sem a ajuda do corpo sua mente não irá tão longe quanto poderia. Você precisa fortalecer o seu corpo. Esse é um trabalho pesado, mas sei que você vai conseguir.[5]

O garoto jogou a cabeça para trás e, com os dentes trincados, respondeu:

– Eu vou fortalecer o meu corpo.[6]

Teddy passou o ano seguinte inteiro fazendo exercícios físicos pesados. E à medida que ficava mais forte, se tornava mais arrojado e ousado. Mergulhou em rios gelados e escalou sete montanhas, uma delas, aliás, duas vezes no mesmo dia. E assim começou a ficar obcecado pela natureza. Tudo o fascinava, de pássaros a musgo, por isso ele colheu muitas centenas de espécimes para preservação no "Museu Roosevelt de História Natural."[7]

Sem o desafio do pai, o que poderia ter acontecido com aquele menino adoentado? O desafio o mudou para sempre.

Também é verdade que o desafio em si é tão importante quanto a resposta a ele. Desafios que inspiram e impulsionam são muito diferentes dos que desestimulam e deprimem.

Em 2010, Shaun King, pastor da Igreja da Coragem, em Atlanta, queria angariar fundos para um lar permanente para órfãos haitianos. Como? Esse foi o primeiro desafio. Na era digital, a criatividade e as possibilidades são muito maiores. Ele queria que sua mensagem atingisse o maior número de pessoas possível. Assim, concebeu a ideia de um leilão de caridade com celebridades, mas com uma peculiaridade: ninguém faria lances por um quadro, um autógrafo ou um encontro. O lance seria para que uma celebridade os seguisse no Twitter e retuitasse seus posts. Ele apresentou o desafio à estrela da série *Desperate Housewives* Eva Longoria, que o aceitou imediatamente e incentivou seus colegas famosos a participar também. Eles aceitaram, e assim nasceu o TwitChange.[8]

Em 2010, mais de 175 celebridades, somando então 90 milhões de seguidores, conseguiram 30 milhões de *hits*, arrecadando com isso mais de 500 mil dólares.[9] Esse é o poder de um desafio relevante numa era em que temos longo alcance e uma influência cada vez maior.

Existem meias verdades nocivas no mundo, mas poucas são tão perturbadoras quanto a ideia de ir empurrando com a barriga, por comodismo e conformismo. Isso não é jeito de viver a vida, criar a família ou conduzir a empresa. As pessoas não querem se nivelar por baixo; querem se nivelar por cima. Querem ter sua visão elevada, e às vezes isso significa lançar um desafio.

Charles Schwab disse uma vez que "para fazer as coisas acontecerem, é preciso estimular a competição". Quando competimos, nos esforçamos para vencer porque vencer gera um sentimento de sucesso e importância. Quando a vitória é de uma equipe – por uma causa, um país, uma cura ou uma empresa –, vencer é ainda mais estimulante, porque a competição nos obriga a nos comunicarmos e a nos conectarmos numa área de afinidade. A competição é importante tanto pela camaradagem que promove quanto pelo resultado.

Busque, em sua esfera de influência, uma área de afinidade que possa gerar uma competição cujo objetivo vá além de simplesmente cruzar a linha de chegada – algo que possa promover amizades duradouras e influência para uma mudança positiva. Se você quer ajudar alguém a mudar, lance um desafio estimulante que envolva vocês dois. Desafios não são fáceis. Sue para ajudar as pessoas e elas suarão por você.

PARTE QUATRO

Como conduzir a mudança sem gerar resistência ou ressentimento

1

Comece com um tom positivo

Em seu clássico livro *Liderar é uma arte*, Max DePree faz uma afirmação que se tornou famosa: "A primeira responsabilidade de um líder é definir a realidade. A última é dizer obrigado. Entre uma e outra, um líder é um servidor."[1] Costumamos achar que essa afirmação sugere que precisamos atacar firme e dizer as coisas ruins primeiro, como se fosse melhor tirar logo as más notícias do caminho. Não é esse o caso, sobretudo hoje, em que as más notícias viajam na velocidade da luz.

Mesmo que um relacionamento, seja ele entre uma empresa e seus clientes ou entre dois indivíduos, esteja tenso ou até mesmo em sérias dificuldades, não vale a pena começar uma conversa com um tom negativo. É como uma peça de teatro cujo primeiro ato mostra uma tragédia: cria-se um ambiente sombrio e desagradável. As pessoas ficam de ombros caídos, rostos tristes, corações apertados. Agora imagine esse efeito se espalhando como um vírus por toda uma organização, uma cadeia de valor de uma empresa ou até um país inteiro. É preciso trabalhar desde o início para combater cadeias de reações psicológicas e fisiológicas negativas, e, mesmo que sejam superadas rapidamente, não vale a pena gastar o pouco tempo que temos para desfazer algo que poderia ter sido evitado.

Em vez disso comece a conversa expressando um reconhecimento sincero e autêntico; seu interlocutor ficará mais aberto às suas ideias e menos resistente ou na defensiva.

Todo mundo já precisou lidar com prestadores de serviços que ficam na defensiva. Sanjiv Ekbote, que recentemente leu *Como fazer amigos e influenciar pessoas*, soube como lidar com uma situação difícil.[2]

Ele havia adquirido uma casa e um seguro residencial. Certa noite, uma torneira no banheiro começou a vazar, e ele ligou para a seguradora. Em menos de quatro horas chegou um jovem encanador para resolver o problema. Primeiro ele substituiu uma válvula, mas a água começou a vazar mais rápido. Então, selou o cano, mas a pressão rompeu o selo e a água começou a vazar dentro da parede.

Sanjiv ficou irritado e imediatamente ligou para a seguradora pedindo que enviassem um técnico mais experiente. Ele poderia ter sido brusco ou agressivo com a atendente, mas em vez disso baixou o tom e, com toda a calma, se identificou e depois agradeceu por terem enviado um técnico com tanta rapidez. Em seguida, explicou o que tinha acontecido, e a mulher localizou um encanador especializado e agendou a visita para o mais rápido possível sem nenhum ônus adicional.

Se Sanjiv tivesse reagido diferente, teria recebido o mesmo tratamento?

Essa técnica parece ser muito simples, mas é enganosamente difícil de pôr em prática. Vamos voltar à frase de DePree para entender o motivo. Interpretamos sua frase de forma equivocada por causa da conotação do termo "realidade" no dia a dia. Por que dizem que precisamos "encarar a realidade", que não há nada como uma boa "dose de realidade", que precisamos "voltar à realidade" para encarar os duros fatos da vida? Essa é a mentalidade com a qual frequentemente abordamos conversas cruciais.

Será que a realidade é uma pílula amarga ou, pelo menos, extremamente pragmática? Provavelmente não, mas podemos estar condicionados a vê-la dessa maneira, em especial quando algo nos incomoda. Nosso passado como caçadores-coletores ainda determina que precisamos dar atenção especial aos acontecimentos mais dramáticos à nossa volta, que em geral são negativos. Nossa sobrevivência depende dessa habilidade – ou já dependeu um dia. Com base em inúmeros estudos, neurocientistas demonstraram que "damos mais atenção à ameaça de coisas ruins do que à perspectiva de coisas boas. Nosso 'cérebro' negativo é três vezes mais sensível do que nossos gatilhos positivos", escreveu Ray Williams, coach de liderança.[3] Nós até nos lembramos melhor dos acontecimentos negativos – ou nossa memória é mais inclinada a gravá-los.

Infelizmente, pesquisas têm demonstrado que esse efeito não está limitado a eventos, e se estende às impressões que temos sobre as pessoas. Costumamos dar mais peso a traços que nos parecem negativos do que aos positivos, sobretudo se esses traços são de natureza moral ou ética.[4]

Quando estimulamos a mudança nos outros, em geral acabamos frustrados com a conduta que adotam. Nossos cérebros estão preocupados com o comportamento negativo. Ele molda nossa percepção da realidade. Ignora o lado positivo. Por isso não surpreende que inevitavelmente terminemos mergulhando no problema – ou, do ponto de vista de quem nos ouve, criticando.

O problema é que o cérebro dos nossos interlocutores é igual ao nosso. Eles ficam obcecados com tudo aquilo que consideram negativo ou crítico na nossa fala. Não existe possibilidade de descobrir oportunidades positivas na conversa. Tenho certeza de que você já viu isso acontecer: fechamos a cara e talvez só nossos olhos revelem que estamos discordando e evitando dizer alguma coisa.

Se não trabalharmos duro para evitar esse drama, daremos um tiro no pé da nossa liderança. Num estudo clássico sobre como os feedbacks positivo e negativo afetam o desempenho, J. Sidney Shrauger e Saul Rosenberg descobriram que nosso desempenho sofre quando recebemos um feedback de que falhamos de algum modo.[5] Se temos autoconfiança e uma forte autoestima, o efeito é menos grave. No entanto, existe uma reação secundária à crítica: a de contestar a validade do feedback. Nós o rejeitamos completamente, e assim ele exerce pouca influência no nosso desempenho futuro, mas muda nossa postura pessoal para pior.

Por que correr o risco? Por que não reduzir esses efeitos no desempenho?

Num artigo sobre habilidades de liderança para professores, Trent Lorcher explicou como, no papel de treinador de basquete, ele lidou com seu time após uma derrota decepcionante: "Perdemos um jogo importante por errarmos muitos lances livres. Minha reação natural seria gritar com o time. Em vez disso eu os elogiei por terem sido agressivos a ponto de terem tido tantos lances livres. Depois praticamos os arremessos durante uma hora. Meus jogadores, que estavam decepcionados com a derrota, reagiram bem ao elogio."[6]

Eu seu livro mais recente, *Bom chefe, mau chefe*, o psicólogo organizacional Robert Sutton conta uma história que lhe foi enviada por um ex-oficial do Exército dos Estados Unidos. A maioria dos oficiais superiores do homem eram cretinos - pessoas grosseiras, depreciativas e mesquinhas -, mas o comandante de seu batalhão era diferente.

> Eu errei algumas vezes e ele me chamou imediatamente para me dar conselhos sobre meu comportamento. Não gritou nem me diminuiu, e eu entendi o recado e fiquei constrangido por tê-lo decepcionado. Por causa dessa postura dele sou uma pessoa melhor hoje, e gosto de pensar que adotei hábitos dele e que o copio, tratando as pessoas como devem ser tratadas.[7]

Quando conhecemos nossas tendências internas e trabalhamos para focar a atenção no que é positivo, podemos superar nossos instintos básicos. Isso não é apenas pensar positivo; é reconfigurar o cérebro para reconhecer que nossas percepções não estão necessariamente alinhadas com a verdade, parar para analisar nossas suposições ocultas sobre uma situação e questioná-las até termos um retrato mais completo da realidade. Podemos treinar nosso sistema de neurônios-espelhos - células recém-descobertas que nos habilitam a compreender as ações dos outros, interpretar suas intenções e prever o que poderão fazer no futuro - para que identifiquem comportamentos positivos e o que eles revelam sobre as pessoas.

Isso é essencial se quisermos dar o devido reconhecimento a alguém de forma autêntica e honesta. Precisamos encontrar algo verdadeiramente positivo para usar como ponto de partida e fazer com que nosso elogio toque a alma da outra pessoa. Os melhores chefes, segundo Robert Sutton, gastam tempo para descobrir como pensa e age cada membro de sua equipe. Não é fácil. Mesmo que tentem evitar, é natural que os líderes sejam excluídos de situações mais reveladoras da dinâmica individual de seus subordinados. Mas o esforço vale a pena, em termos da influência e da eficácia do líder.

Quando reconhecemos o valor de uma pessoa para nossa organização, estamos estabelecendo um tom positivo para uma comunicação aberta.

Claro que, em algum momento, precisamos lidar com os problemas em si. Talvez pior do que tentar tirar as más notícias do caminho seja tentar suavizá-las ou simplesmente não levá-las em consideração. Esse "Efeito Mamãe" - termo cunhado pelos psicólogos Sidney Rosen e Abraham Tesser no início da década de 1970 - acontece porque as pessoas não querem se tornar alvo das emoções negativas dos outros.[8]

Todos temos a oportunidade de provocar uma mudança, mas, para isso, muitas vezes precisamos ter a coragem de transmitir más notícias a nossos superiores. Ao mesmo tempo, não queremos ser o mensageiro inocente que é alvejado na linha de fogo. Quando acionados, nossos instintos de sobrevivência podem superar nossa coragem até que uma verdade se dilui e vira uma papa. "A filtragem provocada pelo Efeito Mamãe pode ter efeitos devastadores numa hierarquia vertical", escreve Sutton. "O que começa como uma má notícia vai ficando cada vez mais leve à medida que sobe a hierarquia - porque, depois que cada chefe ouve a notícia de seu subordinado, faz com que ela soe um pouco menos ruim antes de passá-la adiante cadeia acima."[9]

Existem duas ferramentas úteis para transpor esse desafio com confiança: liderar com emoções positivas e resistir ao impulso de promover drama. Os líderes que adotam esses comportamentos são menos suscetíveis a serem prejudicados por catástrofes das quais deveriam ter tido conhecimento desde o início.

Na Sonda, Andrés Navarro encontrou uma forma de institucionalizar essa abordagem, adotando uma regra de três por um. "Tentamos criticar o mínimo possível. Temos uma regra. Se você entrar nesta empresa e encontrar alguém de quem não goste e que parece não estar fazendo o trabalho como deveria, não diga nada. Escreva numa folha de papel." Em seguida, a pessoa que está criticando deve descobrir pelo menos três coisas boas sobre a que está sendo criticada, antes de poderem começar a discutir como mudar o comportamento dela.[10]

Então como agir ao abordar assuntos difíceis? Sabemos intuitivamente que é sempre mais fácil ouvir notícias desagradáveis depois de ouvir elogios a nossos pontos fortes. Se o elogio é forçado, ou se a passagem do elogio à crítica é brusca demais, esse princípio falhará. Para evitar isso, considere o seguinte.

Primeiro, o elogio deve ser autêntico e de coração, não apenas um instrumento para ganhar tempo enquanto você prepara as críticas.

Segundo, você deve ser capaz de passar de um ponto a outro com naturalidade.

Terceiro, depois do elogio, ofereça um conselho construtivo em vez de simplesmente criticar.

Esse método é mais difícil de ser adotado na forma escrita. Sem a fluência natural de uma conversa, em que surgem oportunidades de passar de um tópico a outro, o ouvinte pode achar que você só estava "preparando o terreno" antes de partir para o ataque. Se o assunto for especialmente polêmico, procure a qualquer custo conversar cara a cara.

Muita gente que quer tecer uma crítica começa fazendo elogios sinceros, seguidos pela palavra "mas", sinalizando que a crítica vai começar. Isso pode fazer o ouvinte questionar a sinceridade do elogio. Em vez disso, use "e" seguido de um conselho construtivo, não de uma crítica. Esta é, provavelmente, a maneira mais eficaz de apresentar uma questão por escrito sem que seu elogio soe falso.

Começar com elogios e um reconhecimento sincero ajudará você a tornar os colaboradores mais produtivos, os vendedores mais comprometidos e seus amigos e familiares mais atentos a sua opinião. Um ponto de vista positivo sempre põe as interações num caminho positivo.

2

Reconheça que não é perfeito

Beth era uma executiva de alto nível numa grande organização. Embora muito estimada por seus chefes e sua equipe, ela andava às turras com um colega, Harvey, que chefiava outro setor. Tudo é válido no amor e na guerra, certo? Bem, Beth estava vivendo de acordo com esse lema, revelando seu lado vingativo.

Só que Beth queria se tornar uma líder melhor, por isso pediu a ajuda de Marshall Goldsmith, coach executivo e autor do livro *What Got You Here Won't Get You There* (O que trouxe você até aqui não vai fazer você chegar lá). O que ela aprendeu foi que, embora fosse respeitada por muitos, seu comportamento com Harvey estava afetando sua reputação. Ela precisava negociar um acordo de paz com o colega e, para isso, teria que admitir que havia errado.

Essa pode ser uma das situações mais difíceis para se adotar essa abordagem – a situação na qual você deve admitir seus erros para a pessoa que prejudicou. A tensão é forte de ambos os lados, a competição entre as partes pode influenciar a reação do outro, e você pode ter a sensação de que não é seguro se mostrar vulnerável. Por outro lado, a estratégia de admitir primeiro os próprios erros pode ser a mais eficaz para acabar com essas situações.

Então, afinal, o que disse Beth?

"Sabe, Harvey, recebi muitos feedbacks, e a primeira coisa que quero dizer é que a maioria foi positiva. A segunda é que há alguns aspectos em que quero melhorar. Fui desrespeitosa com você, com a empresa e com as tradições da organização. Por favor, aceite minhas sinceras desculpas. Não há justificativa para esse comportamento."[1]

A resposta de Harvey? Ficou com lágrimas nos olhos, admitiu que também tinha se comportado de forma indigna e declarou que juntos eles iriam melhorar. Com isso, uma longa e amarga disputa territorial acabou de uma hora para outra, quando Beth confessou os erros que tinha cometido.

É muito mais fácil discutir seus erros se o outro também admitir humildemente que está longe de ser perfeito. Admitir os próprios erros – mesmo que ainda não os tenha corrigido – pode ajudar alguém a mudar o próprio comportamento.

Carnegie, um comunicador sempre eficaz, aplicou a mesma lição enquanto escrevia sobre ela. Começou a discussão revelando que havia falhado, como mentor e coach, em ajudar os leitores a se abrirem à ideia. Essa é uma estratégia sutil e magistral e prova que pode ser eficaz de muitas formas.

A dificuldade que os líderes enfrentam na implementação dessa estratégia nasce de um elemento crítico: você precisa admitir que errou, que é falível. Líderes de todo o mundo têm essa dificuldade, mesmo que a maioria compreenda a importância disso. E mesmo quem não compreende pode se fiar em pesquisas científicas que comprovam essa ideia.

Pesquisadores do Institute for Health and Human Potential conduziram um estudo com 35 mil pessoas sobre os fatores que atuam no progresso de uma carreira. E, segundo os resultados, qual foi o item mais importante na evolução profissional? Admitir espontaneamente ter cometido erros.[2]

Admitir os erros é o passo mais difícil e o mais importante. Se não assumirmos nossa responsabilidade, como aprenderemos com os erros e os usaremos para evoluir e ganhar a confiança dos outros? "Para abandonar o caminho dos erros consecutivos, o primeiro passo é pronunciar as três palavras mais difíceis: 'Eu estava errado.' Você precisa abrir os olhos, admitir seus erros e assumir a responsabilidade por suas atitudes equivocadas."[3]

A poetisa Portia Nelson descreve esse processo em seu poema "Autobiografia em cinco capítulos curtos". O que começa como um poço de desespero evolui inevitavelmente para alienação do problema, a menos que sejamos capazes de assumir a responsabilidade por nossas falhas. Só quando finalmente enxergamos a conexão entre o que somos e o que fazemos é que começamos a ver soluções mais rápidas para os nossos problemas; então, começamos a evitar os buracos profundos que existem na nossa estrada. Por fim, descobrimos que podemos simplesmente percorrer um caminho menos esburacado. Ou seja, deixamos de ser apenas bons resolvedores de problemas para nos tornarmos mais eficientes de modo geral.[4]

Além do que ganhamos ao admitir nossos erros, a confiança que essa atitude constrói junto a nossos colegas e clientes, amigos e familiares, e membros de nossa comunidade é incalculável. Segundo Marshall Goldsmith, "ninguém espera que estejamos certos o tempo todo. Só que, quando estamos errados, certamente todos esperam que reconheçamos. Nesse sentido, estar errado é uma oportunidade – a oportunidade de demonstrar que tipo de pessoa e líder nós somos. [...] Quando reconhecemos nossos erros, causamos uma impressão melhor do que quando comemoramos nossos sucessos."[5]

Quando falamos de nossos erros, nos tornamos mais humanos. As pessoas se identificam mais conosco. Sentem que compreendemos melhor o ponto de vista delas. Ficam mais receptivas aos nossos conselhos.

O que é admirável nesse princípio é que todos cometemos erros, por isso, com o passar do tempo, acumulamos um vasto conjunto de histórias para usar quando tentamos deixar alguém à vontade. Mas lembre-se de acrescentar à história um conselho construtivo, não uma crítica direta.

Certa vez Carnegie usou esse princípio com sua sobrinha, Josephine, a quem havia contratado como assistente. Para isso, levou em conta a inexperiência da jovem e suas próprias mancadas quando tinha a idade e a experiência dela.

"Você cometeu um erro, Josephine, mas ele é bem menos grave do que muitos que eu cometi", começou ele. "Ninguém nasce com capacidade de discernimento. Isso só vem com a experiência, e você já é bem melhor do que eu era na sua idade. Na época fiz tantas bobagens, tantas besteiras, que não me sinto nem um pouco à vontade para criticar quem quer que seja. Você concorda que seria melhor se tivesse feito assim e assado?"

Ao admitir seus erros, você leva a atenção do outro para fora de si mesmo, aborda a pessoa de forma menos agressiva e evita que ela fique na defensiva.

Quando você reconhece seus erros, a confiança se constrói naturalmente.

3

Aponte os erros sem fazer alarde

No início de seu mandato, Calvin Coolidge e sua família ainda não tinham deixado a suíte no terceiro andar do Hotel Willard, em Washington. Certo dia, nas primeiras horas da manhã, o presidente acordou e viu um ladrão remexendo suas roupas e pegando sua carteira e um relógio de corrente. Coolidge disse:

– Espero que você não leve isso [...] Não ligo para o relógio nem para a corrente em si, mas é que eles são um talismã. Leia o que está gravado no verso.

O ladrão leu:

– "Presenteado a Calvin Coolidge, Presidente da Câmara dos Representantes, pela Corte Geral de Massachusetts."

Em seguida, Coolidge identificou-se como presidente do país e persuadiu o ladrão a desistir de levar o relógio-talismã. Foi uma conversa tranquila, na qual descobriu que o jovem e seu colega de quarto na faculdade não tinham dinheiro para pagar a conta do hotel nem para comprar passagens de trem para voltar ao campus. Então, tirou 32 dólares da carteira (da qual o jovem, perplexo, também tinha desistido), disse que era um empréstimo e advertiu o estudante de que, para evitar o Serviço Secreto, deveria sair dali pelo mesmo método não convencional que tinha usado para entrar.[1]

Chamar atenção indiretamente para os erros ou deslizes de alguém funciona maravilhosamente bem com pessoas que podem se ressentir com uma crítica direta – ou seja, a maioria de nós.

Os líderes dispõem de uma ferramenta fantástica – a de enviar uma mensagem sutil estimulando o comportamento que desejam incentivar. Para isso, precisam dar o exemplo, do contrário estarão enviando uma mensagem bastante clara: "Quero que você se comporte assim, mas isso não é tão importante. Se fosse, eu faria a mesma coisa."

Esse conceito é a 13ª lei da liderança de John Maxwell em seu livro *As 21 irrefutáveis leis da liderança*. Ele a chama de "Lei da Imagem", porque as pessoas fazem o que veem. Maxwell conta a história de um líder de pelotão chamado Dick Winters durante a Segunda Guerra Mundial. Winters acreditava que era responsabilidade de um oficial ir na frente, dar o exemplo, liderar o ataque e assumir riscos junto de seus homens.

> Um dos acontecimentos mais notáveis que demonstram como Winters liderava pelo exemplo ocorreu pouco depois do Dia D, na estrada para Carentan, vilarejo que seu regimento deveria tomar dos alemães. Quando os paraquedistas americanos sob seu comando se aproximaram da cidade, começaram a ser alvejados pelas metralhadoras inimigas. Entrincheirados nos dois lados da estrada, eles não obedeceram à ordem de avançar. E, se não se mexessem, seriam metralhados. Winters tentou mobilizá-los. Persuadi-los. Ele os chutava, corria de uma trincheira a outra enquanto balas de metralhadora passavam zunindo a seu redor. Finalmente, saltou para o meio da estrada, as balas ricocheteando no chão junto dele, e gritou aos homens que se mexessem. Todos se ergueram e avançaram como se fossem um homem só. E ajudaram a tomar a cidade.[2]

Às vezes não é possível influenciar pelo exemplo, ou porque você não está com as pessoas que tenta influenciar ou porque você não está imerso no que estão fazendo. Como influenciar numa situação assim? Os autores de *As leis da influência* oferecem alguns conselhos persuasivos para essas situações:

- Identifique no grupo, na equipe, na família ou na comunidade as pessoas mais influentes e faça-as adotarem o comportamento que você quer promover.
- Estimule a comunidade a adotar o comportamento apelando para o bem maior. A influência de amigos e colegas é muito útil na moldagem de pensamentos e ações.
- Faça todas as mudanças possíveis nos meios disponíveis ou no ambiente para facilitar a adoção do novo comportamento ou da nova mentalidade.[3]

No fim da Segunda Guerra Mundial, os soldados retornaram das linhas de frente e reassumiram a força de trabalho. Com isso, acabaram tomando vagas das mulheres, que, na ausência dos homens, tinham ocupado muitas de suas posições. Muitas delas optaram por permanecer no mercado de trabalho, o que criou certa animosidade entre os sexos, mas também fez surgir uma nova visão do papel que as mulheres poderiam desempenhar na economia americana.

Restaurantes de todo o país enfrentavam uma dificuldade específica. Os veteranos ocupavam as vagas de cozinheiro. Com isso, as mulheres que tinham exercido essa função passaram a ser garçonetes, com salários menores. Resultado: um relacionamento conflituoso entre cozinheiros e garçonetes num ambiente em que a cooperação é necessária. Todos sofreram, inclusive os clientes, que muitas vezes recebiam o prato com atraso ou errado. Funcionários iam embora e restaurantes perdiam clientes.

Assim, a Associação Nacional de Restaurantes pediu a ajuda de William Foote Whyte, professor da Universidade de Chicago, para resolver o problema. Ele observou a rotina em alguns restaurantes e viu como cozinheiros e garçonetes trocavam insultos, ignoravam-se mutuamente e tinham um comportamento vingativo (prejudicando o cliente).

"Ao contrário de muitos consultores, que tentariam mudar esse clima social insalubre ensinando habilidades interpessoais, propondo exercícios de formação de equipe ou mudando o sistema de pagamento, Whyte adotou uma abordagem diferente", explicam os autores de *As leis da influência*. "Para ele, a melhor maneira de resolver o problema era mudar o modo como os empregados se comunicavam."[4]

Utilizando um restaurante como piloto, Whyte recomendou que as garçonetes usassem uma simples haste de metal para transmitir papeletas com pedidos à cozinha. A garçonete espetaria o pedido na haste e os cozinheiros atenderiam a cada um da maneira mais eficaz possível, por ordem de chegada.

Os resultados foram imediatos: os conflitos e as queixas de clientes diminuíram, e ambas as partes passaram a se comunicar melhor e a se comportar de forma mais respeitosa.

Às vezes, a melhor maneira de corrigir não é punir abertamente o comportamento errado, mas usar a situação como uma plataforma para construir autoconfiança e uma conexão mais profunda. Bob Hoover, famoso piloto de testes e profissional bastante solicitado para participar de shows de acrobacia aérea, voava de volta para sua casa em Los Angeles depois de uma apresentação em San Diego. A 90 metros de altitude, os dois motores pararam de funcionar de repente. Graças a manobras habilidosas, ele conseguiu se salvar, juntamente com duas outras pessoas a bordo. Mas o avião ficou muito avariado.

A primeira coisa que Hoover fez depois do pouso de emergência foi inspecionar o combustível. Como suspeitava, o avião a hélice da Segunda Guerra Mundial tinha sido abastecido com combustível para jatos em vez de gasolina. Quando voltou ao aeroporto, Hoover chamou o mecânico que abastecera o avião. O jovem estava se sentindo péssimo por causa do erro que cometera, as lágrimas escorrendo pelo rosto enquanto Hoover se aproximava. Ele fora responsável pela destruição de uma nave muito cara e também poderia ter causado mortes.

Dá para imaginar a fúria de Hoover. Era de esperar que, diante de tamanho descuido, palavras duras sairiam da boca daquele piloto orgulhoso e meticuloso. Mas Hoover não brigou com o mecânico, nem mesmo o criticou. Em vez disso abraçou-o e disse: "Para provar que tenho certeza de que você nunca mais repetirá o erro, quero que abasteça meu F-51 amanhã."

Às vezes os erros são a consequência de circunstâncias extenuantes. Nem sempre falhamos no trabalho por incompetência. Podemos falhar porque o coração e a cabeça não estão comprometidos com o que estamos fazendo em razão de problemas em casa ou em outro lugar. Um líder compreende que erros e falhas surgem de todos os cantos da vida e, portanto, devem ser tratados como situações isoladas e recuperáveis, não como falhas fatais.

Numa época em que líderes emergentes veem com ceticismo as táticas fajutas de liderança, é melhor encarar os erros com honestidade e não usá-los como oportunidades para condenar o outro. Para muitos, quando um chefe se comporta de maneira passivo-agressiva ou manipuladora, leva seu funcionário a ter uma opinião negativa a respeito dele. O subordinado passa a duvidar que seu superior seja de fato capaz de contribuir para a tarefa em questão ou mesmo para a organização. Portanto, é melhor levantar o moral do subordinado o mais rápido possível, mas faça isso apontando seus erros de forma amena e estimulando-o a recuperar a confiança e a força.

4

Faça perguntas em vez de dar ordens diretas

Nas Forças Armadas, as ordens fazem parte do dia a dia. Você recebe ordens e espera-se que as cumpra à risca. Quando assumiu o comando do USS *Benfold*, um destroier com mísseis teleguiados, o capitão D. Michael Abrashoff sabia que estava enfrentando um desafio que exigiria uma postura diferente.

O *Benfold* não era nem de longe um navio de primeiro escalão da Marinha norte-americana. A tripulação estava desgastada, o moral era baixo, e a maioria dos marujos apenas esperava o dia da baixa. Para tornar uma situação de liderança já difícil ainda mais complexa, o comandante anterior não era muito querido, por isso a tripulação tinha o pé atrás com o novo comandante.

Essa era a primeira vez que o capitão Abrashoff comandava um navio em alto-mar, e ele estava determinado a se sair bem. Seu primeiro passo: aprenda tudo sobre sua tripulação. "Não demorei muito a perceber que minha jovem tripulação era inteligente, talentosa e cheia de boas ideias, que geralmente não davam em nada porque ninguém no comando sequer se dera ao trabalho de ouvi-las", escreveu Abrashoff em *Este barco é nosso*, livro em que revela histórias de sua liderança enquanto esteve a bordo do *Benfold*.[1]

Assim, o capitão Abrashoff jurou que ouviria sua tripulação, mas não só quando ela decidisse falar. Sabia que, se quisesse mudar as coisas no navio, as ideias sobre como fazer isso teriam que vir da tripulação. E como descobrir essas ideias senão os ouvindo? Assim, o capitão Abrashoff entrevistou cinco membros da tripulação por dia até ter falado com cada um dos homens a bordo, aproximadamente 310. E o que ele aprendeu?

Que eles desperdiçavam muito tempo em tarefas maçantes, como pintar o navio seis vezes por ano. Assim, Abrashoff descobriu um meio de substituir todos os fixadores que causavam ferrugem na embarcação e passou a usar uma tinta especial para a parte externa. O navio não precisou ser pintado novamente por quase dois anos, liberando tempo da tripulação para tarefas mais valiosas, como treinamentos avançados.

Abrashoff descobriu que muitos tripulantes tinham entrado na Marinha para pagar a faculdade. Ele providenciou que os marujos fizessem o teste de admissão para universidades no próprio navio, além de cursos a distância. Descobriu que muitos deles tinham uma vida dura, e também que eram muito apegados a suas famílias. Assim, aproximou os familiares dos marujos tanto quanto possível, enviando de dentro do navio cartões de aniversário e notícias importantes para os pais e as esposas de seus comandados. "Eu quis criar uma conexão entre nossos objetivos, de modo que eles vissem minha prioridade, que era melhorar o *Benfold*, como uma oportunidade para utilizarem seus talentos e darem a seu emprego um verdadeiro propósito", escreveu o capitão Abrashoff.

Qual foi o resultado de fazer perguntas à sua tripulação? Uma grande mudança positiva no moral, um aumento na vontade de chegar aos limites do possível e as maiores notas em provas que a Marinha já tinha visto.

E se o capitão Abrashoff tivesse subido a bordo, simplesmente determinado que a tripulação precisava melhorar seu desempenho e só depois explicado como fazer? Qual teria sido o resultado? Nunca saberemos, mas é improvável que o *Benfold* tivesse se tornado o navio – ou o catalisador de liderança – que se tornou.

Perguntar não só torna uma ordem mais palatável e evita ressentimentos como também estimula a criatividade e a inovação na solução de problemas. As pessoas ficam mais propensas a seguir um novo caminho se sentirem que participaram da sua criação.

Os familiares que comandam a organização Marriott eram conhecidos por sua imensa dedicação na inspeção dos hotéis, para garantir que estavam sendo bem geridos. Bill Marriott Jr., em especial, "estava sempre em ação, fazendo perguntas e prestando muita atenção nas respostas", escreve Ed Fuller, ex-diretor executivo da Marriott International Lodging.

> Na verdade, às vezes ele era criticado por dar atenção a muitas pessoas – e por dar a mesma atenção aos que ocupavam níveis inferiores e aos altos executivos. [...] Sua pergunta favorita ao falar com pessoas de um nível mais baixo era: "O que você acha?" Era sua forma de combater a tendência que os empregados têm de evitar dar uma sacudida no barco ou transmitir más notícias ao chefe.[2]

Bill Marriott Jr. era um líder esclarecido que compreendia o poder negativo do Efeito Mamãe e sabia qual era a melhor forma de envolver os funcionários na tentativa de fazer com que cada propriedade Marriott correspondesse a suas expectativas.

Apesar de compreendermos que fazer perguntas aumenta o envolvimento de quem esperamos influenciar, muitos líderes não seguem esse caminho. Por quê? Porque, às vezes, perguntar pode parecer uma maneira tortuosa de forçar as pessoas a darem a resposta que você já tem em mente. Então por que não dizer o que pensa de uma vez? Seria melhor. Acontece, porém, que as pessoas não gostam de receber ordens.

Líderes também relutam em fazer perguntas porque não sabem quais serão as respostas. E se a pessoa não disser o que ele quer? Essa possibilidade sempre vai existir. Mas os líderes devem pensar nela não como um risco, mas como uma oportunidade. A resposta que receberá pode ser melhor – e provavelmente será – do que aquela que você tinha em mente.

Quando Ian Macdonald, o gerente de uma pequena fábrica especializada em peças de máquinas de precisão, de Joanesburgo, na África do Sul, recebeu uma proposta de encomenda enorme, teve certeza de que não conseguiria cumprir o prazo. A fábrica já estava operando na capacidade máxima, e faltava pouco tempo para o *deadline* do novo pedido.

Assim, em vez de obrigar os funcionários a acelerar o trabalho e a produzir tudo correndo, Macdonald convocou todos para uma reunião, explicou a situação e disse que o pedido era muito importante para a empresa e para eles, caso conseguissem entregá-lo no prazo. Por fim, começou a fazer perguntas: "Há alguma coisa que possamos fazer para atender a esse pedido?", "Alguém consegue pensar em formas diferentes de trabalhar para que a gente consiga aceitar esse pedido?" "Existe algum modo de ajustarmos os horários ou os compromissos pessoais de forma a ajudar?"

Os empregados deram muitas ideias e insistiram em que Macdonald aceitasse o pedido. O pedido foi aceito, produzido e entregue dentro do prazo.

Embora não devesse ser assim, muitos chefes têm medo de fazer avaliações de desempenho. Sabem que seus subordinados precisam melhorar, mas acham que se começarem a fazer críticas, uma batalha vai acontecer e seus subordinados vão ficar na defensiva e chateados. Esses chefes precisam adotar outra postura.

A maioria dos colaboradores tem uma noção clara de seus pontos fortes e fracos. Embora alguns sejam obtusos, se você perguntar, a maioria lhe dirá exatamente o que você está pensando. Muitos psicólogos organizacionais recomendam um momento de autoelogio no processo de avaliação. Estudos demonstraram que autoelogios levam a avaliações mais satisfatórias de gestores e colaboradores e têm um efeito positivo maior no desempenho.[3] Antes da avaliação, apresente ao funcionário algumas questões para reflexão: "Em que você acredita que é excepcionalmente bom? Quais são seus objetivos para o ano que vem? Onde acha que pode melhorar suas aptidões ou habilidades para atingir esses objetivos?"

Imagine começar a reunião com todas as respostas a essas perguntas – respostas essas que você não deve mencionar, pois em pelo menos 80% dos casos eles chegarão às mesmas conclusões que você, e a conversa será muito mais positiva.

O melhor desse método de fazer perguntas é que ele é eficaz em praticamente qualquer meio. E se você enviar uma mensagem de texto ou um tuíte para sua equipe perguntando como lidar com um cliente relutante? Será que isso pode ajudar os colaboradores mais fracos nesse aspecto a reconsiderar os próprios métodos ou a reconhecer que não têm método algum? Você pode fazer perguntas simples, curtas e poderosas.

Ao fazer perguntas, você estimulará uma conversa – pessoal ou virtual – que poderá ser benéfica a todos e permitirá que todos se sintam envolvidos no resultado.

E você? Prefere ouvir uma pergunta a receber uma ordem?

5

Evite que o outro passe vergonha ou constrangimento

No verão de 1941, o sargento James Allen Ward foi agraciado com a Cruz Vitória – a mais alta condecoração militar britânica para atos de coragem diante do inimigo – por subir na asa de seu bombardeiro Wellington a mais de 4 mil metros de altura sobre Zuiderzee, na Holanda, e apagar um incêndio num motor a estibordo. Preso apenas por uma corda amarrada à cintura, ele conseguiu apagar o fogo e retornou pela asa para o interior da cabine da aeronave para ficar em segurança. Winston Churchill, um admirador seu e também um fanfarrão, convocou o tímido neozelandês à Downing Street, residência do primeiro-ministro. Na hora H, Ward ficou sem reação na presença de Churchill e não foi capaz de responder a suas perguntas.

Em dado momento, Churchill interrogou o infeliz herói com certa compaixão:

– Você deve estar se sentindo muito pequeno e envergonhado na minha presença – disse.

– Sim, senhor – conseguiu responder Ward.

– Então pode imaginar como eu me sinto pequeno e envergonhado na sua presença – retrucou Churchill.[1]

Com apenas algumas palavras Churchill transformou Ward de um pobre tolo no herói que de fato era. Evitou constrangimento e livrou Ward de passar vergonha.

Poucas pessoas se preocupam em evitar que os outros sofram constrangimentos. Em geral, pisamos nos sentimentos alheios à medida que avançamos pelo nosso próprio caminho, fazendo tudo do nosso jeito, ameaçando e criticando crianças ou subordinados na frente dos outros. O fato é que sempre é possível demonstrar consideração, levar em conta os sentimentos do outro, chamá-lo num canto para conversar – qualquer coisa que diminua o impacto da sua crítica. Acontece que a maioria das pessoas não se dispõe a fazer isso.

O que esse comportamento insensível dos líderes incute nas pessoas que os cercam? Medo de fracassar. Se sabemos que vamos ser criticados por errar, talvez até em público, vamos assumir riscos no trabalho? Vamos tentar ser inovadores ou criativos? Vamos dar ideias e opiniões? Provavelmente não.

Acontece que erros fazem parte do cotidiano – em casa, no trabalho, em tudo o que fazemos. É tão comum que o conceituado periódico *Harvard Business Review* dedicou toda a sua edição de abril de 2011 a esse tema. Eis o título: "O erro: como compreendê-lo, aprender com ele e se recuperar dele". Não há menção a como evitá-lo.

No fundo, sabemos que errar é inevitável, então por que não demonstrar mais apoio quando alguém passar por isso?

A executiva de uma grande empresa dos meios de comunicação era responsável pelo lançamento de uma nova revista. Ela passou um ano inteiro dedicando tempo, esforço e recursos para fazer a publicação decolar, mas nunca levantou voo. No fim, a revista precisou ser cancelada.

Em vez de demitir ou rebaixar a executiva que fracassou ou apontá-la como um exemplo do que *não* fazer, o CEO lhe ofereceu uma rede de apoio psicológico, evitando que ela sofresse constrangimento. "Numa reunião com os principais executivos da firma, o CEO se levantou e parabenizou a executiva por sua coragem e sua capacidade, por ter feito a coisa errada da maneira certa. Enfatizou que a malfadada decisão não tinha sido apenas dela; altos executivos a tinham apoiado, e a revista fracassou apesar de ter excelentes conteúdo e marketing", escreve Robert Sutton em *Bom chefe, mau chefe*.[2]

O que esse CEO sintetizou com sua atitude foi uma técnica que Sutton chama de "perdoar e lembrar", um excelente modo de aprender com os próprios erros e mudar o comportamento. A técnica foi originalmente descrita por Charles L. Bosk em seu livro *Forgive and Remember: Managing Medical Failure* (Esquecer e lembrar: lidando com falhas médicas). O objetivo é ajudar indivíduos a assumir responsabilidade enquanto gerenciam o problema existencial do fracasso, uma desmoralizante batalha interna para qualquer pessoa. Não seria essa a verdadeira responsabilidade de todo líder? Porque, se essa batalha for perdida, o indivíduo pouco aprenderá com o erro cometido, terá uma autoimagem pior, ficará temeroso e contribuirá menos para o sucesso da empresa, família ou qualquer outra organização.

Por mais que o líder se esforce, seus subordinados fatalmente irão falhar. E ele também. Quando reconhecemos isso e os benefícios inerentes à falha em si, estamos aprendendo a ajudar os outros a passar por isso de forma segura. Os grandes líderes estimulam o poder criativo e inovador de suas equipes ajudando-as a manter a reputação antes mesmo de falharem.

Fiona Lee, Amy Emundson e Stefan Thomke conduziram um estudo com 688 funcionários de uma grande organização de serviços de saúde durante o lançamento de um novo sistema que integrava e apresentava dados de todos os departamentos e seções da organização. Os colaboradores tinham recebido pouco treinamento prévio, e a instrução foi a de que aprendessem a usar o sistema testando seus recursos.[3]

Resultado: nos departamentos cujos gerentes disseram à equipe que não tinha problema se errassem e não penalizaram erros, os funcionários fizeram muito mais experiências e testes. Nos departamentos cujos gerentes transmitiram mensagens confusas ou puniram falhas, mesmo que de modo sutil, os funcionários experimentaram muito menos. Na verdade, os funcionários de cargos inferiores desses departamentos nem sequer usaram o sistema, pois estavam com muito medo de errar. Como era de esperar, os funcionários que experimentaram com mais frequência esse sistema novo e mais eficiente aprenderam a usá-lo melhor e o utilizaram regularmente no dia a dia.

Na verdade, o que os gestores mais encorajadores estavam desenvolvendo em seus subordinados, mesmo que em pequena escala, era a resiliência. A resiliência, explica Martin P. Seligman, autor e pioneiro da psicologia positiva, é a diferença nas maneiras como as pessoas reagem ao fracasso. Em seus textos, ele descreve como certas pessoas se recuperam do fracasso, aprendendo e crescendo com a experiência, enquanto outras esmorecem, perdem a autoconfiança e passam a temer o futuro. Que atitude você prefere estimular naqueles que fazem parte da sua vida?

As empresas que contratam funcionários que já foram das Forças Armadas aprenderam bem o valor da resiliência; elas reconhecem que os membros das Forças Armadas estão acostumados a lidar com erros e falhas, às vezes diariamente, e mesmo assim continuam buscando alcançar seus objetivos.

Donovan Campbell, autor de *Joker One: a Marine Platoon's Story of Courage, Leadership, and Brotherhood* (Coringa Um: A história de coragem, liderança e camaradagem de um pelotão de fuzileiros navais), um livro de memórias de sua experiência como líder de pelotão no Iraque, é parte do programa de desenvolvimento de liderança da PepsiCo. Ele explica a perspectiva que adquiriu comandando um pelotão.

> Na escola, você é recompensado quando não comete erros. E depois você sai e arranja um emprego, e muitas vezes é promovido porque cometeu poucos erros. Então o que acontece é que você desenvolve uma mentalidade de que erros devem ser evitados a todo custo. O que você aprende nas Forças Armadas é que, por mais que se esforce e melhor que seja, um: você vai cometer erros; e dois: às vezes, os acontecimentos, o inimigo ou uma mudança de situação vão impedir seu êxito, e você vai falhar. E você se sente à vontade com essa ideia.[4]

Essa forma madura de encarar o fracasso – oposta à de ficar paralisado num estado de indecisão ou inércia – é o que queremos ver em nossos colaboradores e chefes. Deixá-los seguros para falhar é o jeito certo de garantir que estejam mais dispostos a admitir seus erros (o que é um aspecto fundamental da liderança que temos explorado), recuperar-se mais rapidamente e aprender mais com eles. O líder terá assim uma visão mais completa do trabalho de seus subordinados e se tornará um melhor coach e mentor.

E como criar esse tipo de ambiente? Charlene Li, em seu importante livro *Liderança aberta*, mapeia cinco ações que líderes podem adotar para estimular a resiliência organizacional em suas equipes:

- *Reconheça que falhas acontecem.* Líderes podem reconhecer as falhas rapidamente quando acontecem, mas também podem discutir com suas equipes a probabilidade de ocorrerem.
- *Incentive o diálogo para estimular a confiança.* Discutir problemas honestamente é a melhor maneira de aprender com eles e cortar o mal pela raiz.
- *Separe a pessoa do fracasso.* Em vez de dizer "Você falhou", diga "O projeto falhou". Na maioria dos casos, a verdade é essa. Amy Edmondson, professora e pesquisadora em Harvard, explorou esse ponto com executivos. "Quando eu peço a executivos que estimem quantas das falhas em suas empresas são realmente condenáveis, em geral a resposta tem um único dígito - talvez de 2% a 5%. Quando pergunto quantas são tratadas como condenáveis, eles respondem (após uma pausa ou um riso) de 70% a 90%. A infeliz consequência disso é que muitos erros não são relatados, e as lições que poderiam ser extraídas deles se perdem."[5]
- *Aprenda com seus erros.* Do contrário, serão oportunidades de aprendizado perdidas.
- *Crie um sistema de responsabilidade por riscos e fracassos.* Ser metódico quanto à forma de abordar o risco e o fracasso pode ajudar a diminuir as reações emocionais a isso.

Por que ir tão longe? Alberto Alessi, designer italiano, descreveu a abordagem de sua empresa, que considera o design um esforço para encontrar o limite entre o que é possível e o que não é, e fazer o design nesse limite. Os melhores designs são os que ficam bem nesse limite, no lado do possível. Esse é o espaço da inovação, o espaço no qual testamos nossos talentos e crescemos como indivíduos. Claro que abraçar essa linha significa que você frequentemente vai cruzá-la - vai cair no reino do impossível e fracassar. Ainda assim será um fracasso glorioso, e quem sabe o que pode aprender com ele? O famoso designer do aspirador de pó, Sir Richard Dyson, produziu mais de 5 mil protótipos antes de levar o primeiro produto ao mercado.

Quando uma pessoa comete um erro, precisamos lembrar que o modo como ela lida com isso depende do apoio que recebe ao passar por esse momento difícil e aprende com ele. Uma diferença fundamental entre pessoas comuns e pessoas extraordinárias é o modo como percebem e reagem ao fracasso. Um bom líder pode influenciar em que lado nós vamos ficar.

Agora, existem erros e "erros". Alguns resultam de pequenos lapsos de julgamento, da inexperiência, da necessidade de treinamento. São efetivamente erros. Outros de negligência, cobiça, falta de consideração com o bem-estar alheio e do desejo de subir à custa dos outros. Nesses casos, é muito provável que a pessoa errada não sinta remorso nem se considere responsável. Seria adequado ajudar um indivíduo assim a manter a reputação? Provavelmente não. Se o erro e a atitude das pessoas são muito graves, é provável que livrar a cara dela só sirva para exacerbar o problema. Nesse caso é melhor evitar que a história venha a público e conversar com a pessoa em particular para avaliar a gravidade da questão da melhor forma possível.

Além de criar um ambiente no qual as pessoas não sejam expostas ao ridículo por seus erros quando fazem parte de um todo, o conselho de Charlene Li pode ser aplicado em situações nas quais podemos ajudar um indivíduo a evitar o constrangimento e se recuperar de um erro, descuido ou gafe sem importância.

- Reconheça que um erro foi cometido, mas seja gentil ao fazer isso. Fingir que nada aconteceu certamente funciona como "desculpar", mas soa um tanto falso quando o erro foi nítido.
- Reconheça e avalie sua própria participação no erro, mesmo que tenha sido de menor importância.
- Foque no que foi ganho com o erro.
- Sempre que possível, avalie a questão de uma perspectiva mais ampla, mas, claro, sem transformar pessoas inocentes em culpadas.

Imagine que você é apresentado a alguém que já conhece, mas ele claramente não se lembra de você. Você poderia dizer "Já nos conhecemos", deixando-o constrangido. Ou poderia dizer: "Ah, oi, Mark, que bom encontrar você novamente. Foi no almoço do Better Business Bureau do mês passado que nos vimos? Foi um ótimo evento, mas havia tanta gente que acabei ficando um pouco atordoado."

Hoje em dia, falhas, gafes e erros crassos são muito mais evidentes do que no passado. Quando um funcionário comete um erro, é comum que o cliente comente nas suas redes sociais ou envie um e-mail para o dono da empresa. O funcionário já estava se sentindo humilhado e temeroso. Por que piorar a situação? Na era digital, preservar a reputação dos outros é algo crucial.

Claro que em certas situações fica difícil ajudar, porque o erro veio a público. Por isso é importante manter total disciplina quando for enviar e-mails. Um e-mail enviado acidentalmente à pessoa errada ou um e-mail hackeado e tornado público pode não só causar constrangimento como arruinar uma reputação profissional. Se precisar conversar sobre um erro ou uma gafe que alguém cometeu, melhor fazer isso pessoalmente ou por telefone. Guarde seus registros escritos para elogios e conselhos construtivos.

Da mesma forma que é importante ajudar as pessoas a superar suas falhas com elegância, ajudar um cliente real ou em potencial a manter a dignidade pode ser uma estratégia de negócios bastante útil. Wolfgang Schmidt explicou como sua empresa, a Rubbermaid, usa essa técnica para obter novos clientes:

> Nós recebemos reclamações. Cerca de metade delas é de clientes que compram um produto pensando que era nosso, quando na verdade era da concorrência. Assim, o cliente escreve para nós. Nossa política é simplesmente escrever uma carta pessoal dizendo: "Compreendemos por que você cometeu esse erro. A concorrência copia nossos produtos. Foi um erro honesto, mas gostaríamos que você visse por si mesmo a diferença de qualidade. Por isso estamos enviando uma amostra grátis do nosso produto." Enviamos um produto substituto, seja qual for o motivo da reclamação. Achamos que esse é um modo maravilhoso de divulgar com muita credibilidade o conceito de qualidade da Rubbermaid.[6]

Mesmo que a pessoa esteja de fato errada, ao deixá-la sem graça estamos apenas ferindo seu ego. Não há nada que vá mudar seu comportamento. Por outro lado, quando atenuamos a falha, não só preservamos seu ego como fazemos com que o relacionamento passe a se basear na confiança. Preserve a dignidade de alguém uma vez e não haverá praticamente nada que ele não fará por você.

6

Estimule o aprimoramento

NUM BELO DIA DE 2010, a rede hoteleira Best Western criou uma página no Facebook. Pouco tempo depois, recebeu um enorme número de acessos, e choveram centenas de mensagens.

"Wallace faz viajantes cansados se sentirem em casa! A melhor coisa no saguão do hotel é seu sorriso."

"Wallace é o melhor. Queremos voltar só para visitá-lo!"

"Quando estávamos indo embora, as crianças perguntaram quando voltaríamos para ver Wallace!"

"Posso passar por ele no saguão ou no corredor 15 vezes, e a cada vez ele vai abrir um sorriso enorme e dizer algo divertido. Ele é uma das melhores coisas das minhas estadias!"

"Todos deveríamos nos relacionar uns com os outros como Wallace faz. Se ele já teve um dia ruim, você não fica sabendo."

"Em todas as minhas viagens, nunca encontrei ninguém mais gentil e prestativo, mais ansioso por fazer um hóspede se sentir bem-vindo."

"Meu dia sempre fica melhor quando vejo Wallace. Suas boas-vindas sempre calorosas, seu conhecimento da cidade, sua gentileza, seu profissionalismo e aquele sorriso incrível tornam minha estadia muito agradável [...] Ele tem um dom especial para conectar pessoas."

Quem é esse Wallace? Wallace Pope – nascido em Chicago, pai solteiro, há muito tempo funcionário do River North Hotel, da Best Western, é um homem que ama ajudar os outros.

Quando Wallace foi indicado para o Prêmio Stars of the Industry da Associação de Hotéis e Hospedagens de Illinois, a Best Western estava determinada a demonstrar seu orgulho e seu apoio – e a ajudá-lo a vencer.[1] Assim, criou uma página no Facebook chamada "Wallace merece vencer" e incentivou hóspedes do hotel a entrar na página e a compartilhar suas histórias sobre o talento de Wallace no atendimento a clientes. A página teve 2.722 visitas na primeira semana. Os clientes do hotel publicaram uma enxurrada de histórias tocantes de amor e apoio. Wallace recebeu inúmeros elogios por sua gentileza genuína e sua capacidade de melhorar tanto a viagem quanto a vida pessoal dos hóspedes. E, apesar de não ter ganhado o prêmio, os elogios e estímulos que Wallace recebeu foram muito mais significativos do que uma placa.

Elogios e estímulos: os dois elementos essenciais para motivar qualquer pessoa a alcançar seu potencial, se aprimorar ou fazer uma mudança. O problema é que, para muitos de nós, é difícil reconhecer os esforços daqueles que nos cercam.

O Dr. Gerald Graham estava curioso para saber o que os gestores poderiam fazer para motivar seus subordinados. Assim, conduziu uma pesquisa com 1.500 funcionários de empresas, e os resultados foram chocantes:

- 58% relataram que raramente recebiam elogios dos superiores, se é que isso já tinha acontecido alguma vez.
- 76% relataram que raramente recebiam agradecimentos por escrito, se é que isso já tinha acontecido alguma vez.
- 81% relataram que raramente recebiam elogios em público, se é que isso já tinha acontecido alguma vez.

Acontece que o elogio de um superior, agradecimentos por escrito e elogios em público eram três das cinco maiores motivações entre os empregados que participaram da pesquisa.[2]

Esses resultados são de 1982. Décadas depois, as coisas não mudaram muito. Funcionários que recebem elogio com frequência ainda são mais produtivos, e empresas cujos funcionários recebem elogios frequentemente são mais bem-sucedidas de modo geral. Os elogios são um dos 12 indicadores de sucesso que Marcus Buckingham e Curt Coffman salientam em *Quebre todas as regras*, indicadores esses baseados em ampla pesquisa da Organização Gallup. Ainda assim, os gestores ainda são notoriamente ruins em fazer elogios.

Todos nós adoramos receber elogios: queremos nos sentir importantes. E quando recebemos elogios pelo nosso progresso ou nosso bom desempenho, fica claro que os outros notaram e que isso faz diferença. Isso vale no trabalho, em casa, na escola, em nossa comunidade. Um dos princípios psicológicos básicos do comportamento humano é que repetimos os comportamentos pelos quais fomos elogiados; os comportamentos que não recebem o devido reconhecimento positivo provavelmente serão abandonados.

O Centro de Gestão e Eficácia Organizacional oferece o seguinte conselho para quem quer elogiar pessoas próximas:[3]

1. "Elogie de coração." Seja autêntico e sincero.
2. "Elogie quanto antes." Não espere pela próxima reunião, relatório de desempenho, refeição em família ou evento na igreja. Até lá, a alegria que a pessoa sente pelo sucesso terá diminuído, e você terá perdido uma oportunidade de ampliar essa alegria.
3. "Seja específico." Um simples obrigado não é um elogio; é apenas sinal de educação. Para sentir que o esforço está recompensando, o indivíduo precisa saber exatamente o que você está valorizando.
4. "Elogie em público." Nesta era de tecnologia social, é cada vez mais fácil elogiar publicamente, por isso não há desculpa para não praticar isso. Foi o que fez a Best Western. Hoje você não precisa esperar a próxima reunião trimestral para reconhecer um trabalho bem-feito.

Devemos nos esforçar para elogiar sempre que possível. A maioria das pessoas não precisa de tanto esforço para encontrar oportunidades; é só aproveitar as que se apresentam no dia a dia.

O capitão Abrashoff, do USS *Benfold*, compreendeu o poder do elogio melhor do que a maioria das pessoas:

> A maior parte dos meus jovens marujos veio de ambientes turbulentos e lutou para entrar na Marinha. Eu me coloco no lugar dos pais deles e imagino como se sentiriam se recebessem cartas dos oficiais que comandam seus filhos, e também como os próprios rapazes se sentiriam quando seus pais lhes contassem o que leram. Assim, comecei a escrever cartas aos pais, sobretudo quando seus filhos faziam algo que eu pudesse elogiar de verdade. Quando as cartas chegavam, os pais invariavelmente ligavam para os filhos e diziam quanto se orgulhavam deles.[4]

Houve o caso de um marinheiro que fazia parte de uma equipe e tinha um desempenho muito bom, mas ele em si não se destacava. O capitão Abrashoff percebeu que elogiar seu desempenho como parte da equipe daria ao marinheiro o incentivo do qual provavelmente precisava. Assim, enviou a carta de elogio aos pais do jovem. Duas semanas depois, o marinheiro bateu à porta do capitão Abrashoff com lágrimas rolando pelo rosto.

"Acabei de receber uma ligação do meu pai. Durante toda a minha vida ele disse que eu era um fracassado. Dessa vez, falou que tinha acabado de ler sua carta, me parabenizou e comentou que estava muito orgulhoso de mim. É a primeira vez em toda a minha vida que ele realmente me incentiva."

Claro que esse foi um momento poderoso para aquele jovem. Como acha que isso afetou sua concepção do que era capaz de fazer e seu nível de dedicação para o sucesso da equipe?

Embora poderoso e necessário, o elogio também implica uma avaliação de acordo com um padrão. O que os grandes líderes e as pessoas influentes defendem é que, na maior parte do tempo, devemos usar o incentivo. "Só devemos elogiar quem alcança 'bons' resultados; já o incentivo pode ser dado em qualquer situação, mesmo quando as coisas não vão bem."[5]

A essência do incentivo é demonstrar que você acredita no talento, na capacidade e nas habilidades da pessoa, independentemente de como as coisas estão no momento.

Para ser encorajador é preciso ter uma atitude especial. Quando olha para a pessoa, em vez de enxergar as falhas, você precisa ser capaz de ver os pontos fortes e as possibilidades, precisa ver do que ela é capaz. Quando você incentiva da boca para fora, sem a força de uma fé autêntica, apenas minimiza os esforços da pessoa.

O que o incentivo promove? A firmeza psicológica - a capacidade de superar os desafios que causam estresse e ansiedade, o tipo de desafio que encaramos todo dia; a capacidade de enfrentar esses desafios e seguir em frente, de nos erguermos e continuarmos tentando. Essa é a característica marcante das pessoas positivas e bem-sucedidas.

O incentivo cria a motivação, e todo líder, de todas as áreas da vida, têm uma enorme dificuldade para encontrar maneiras de motivar. A razão principal dessa dificuldade é que não paramos para pensar no que de fato motiva as pessoas. Em geral supomos que elas querem recompensas materiais, que a melhor abordagem é recompensar o acerto e punir o erro, mas quase nunca isso é verdade. As pessoas se sentem mais motivadas por incentivos pessoais e sociais do que por recompensas materiais.

A partir de sua pesquisa sobre casamentos e famílias saudáveis, o autor e psicólogo Jon Carlson definiu algumas práticas essenciais que podemos usar para criar um ambiente encorajador:[6]

1. **Priorize os relacionamentos saudáveis.** Respeito e comunicação positiva são dois elementos-chave para fazer isso acontecer.
2. **Incentive todo dia.** Não espere que o outro tropece a caminho da meta. Reconheça cada esforço e cada melhora, mesmo se forem pequenos, para que ele saiba que sua fé nele é inabalável.
3. **Seja inclusivo.** Por exemplo, inclua outras pessoas em seu processo de tomada de decisão sempre que possível; isso demonstra sua fé no bom senso delas.
4. **Não deixe conflitos contagiarem o ambiente.** Quando você entra no modo conflito, é fácil escorregar e passar a ter um diálogo desencorajador ou depreciativo. Compare "Acho que você é capaz de fazer isso" e "Parece que temos problemas - como podemos resolvê-los?" com "Deixe que eu cuido disso" ou "Eu mandei você tomar cuidado".
5. **Divirta-se!**

Clarence M. Jones, um dos instrutores do nosso curso em Cincinnati, Ohio, me contou como mudou a vida de seu filho ao incentivá-lo e fazer seus problemas parecerem simples:

> Meu filho David, de 15 anos, veio morar comigo em Cincinnati. Tinha até então uma vida difícil. Em 1958, sofreu um acidente de automóvel e teve um corte profundo na testa, que deixou uma cicatriz feia. Em 1960, a mãe dele e eu nos divorciamos, e ele se mudou para Dallas, no Texas, para morar com ela. Até os 15 anos, ele havia passado a maior parte da vida escolar em turmas especiais para alunos com problema de aprendizagem, na rede escolar de Dallas. Provavelmente por causa da cicatriz, os diretores concluíram que ele tinha sofrido danos cerebrais que comprometiam sua aprendizagem. Estava dois anos atrasado em relação à sua faixa etária, por isso ainda cursava o sétimo ano, mas não sabia a tabuada, fazia contas de somar nos dedos e mal conseguia ler.
>
> Havia um ponto positivo: ele adorava mexer com aparelhos de rádio e de TV. Queria se tornar técnico de TV. Por isso eu o encorajei e o lembrei de que precisaria saber matemática para poder fazer o curso de treinamento e decidi ajudá-lo a aprender a matéria. Compramos quatro conjuntos de cartões de memorização com as quatro operações: adição, subtração, multiplicação e divisão. Conforme estudávamos com os cartões, colocávamos as respostas certas na pilha do descarte. Quando David errava, eu dizia a resposta correta e colocava o cartão no bolo de repetição, até que não sobrasse nenhum. Então repetíamos o processo até que ele acertasse tudo em sequência. A cada acerto, eu o elogiava muito, em especial se fosse um cartão que ele já tivesse errado.
>
> Prometi que quando ele conseguisse acertar todas em oito minutos, sem nenhum erro, pararíamos de jogar toda noite. No começo parecia uma meta impossível para David. Na primeira noite, ele levou 52 minutos. Na segunda, 48. Depois, 45, 44, 41, até que ele baixou da casa dos 40 minutos. Comemorávamos cada redução de tempo. Eu chamava minha esposa e nós o abraçávamos e fazíamos uma dancinha. Ao fim de um mês, David já estava acertando todos os cartões,

sem errar, em menos de oito minutos. Quando tinha uma pequena melhora, ele mesmo pedia para repetir o exercício. Tinha feito a fantástica descoberta de que aprender era fácil e divertido.

Naturalmente suas notas em matemática deram um salto. É impressionante como a matéria fica mais fácil quando se sabe fazer multiplicações. Ele ficou surpreso quando levou uma nota 8 para casa. Aquilo nunca tinha acontecido. A partir de então, sua habilidade em leitura melhorou rapidamente, e ele começou a usar o talento natural para o desenho. Naquele mesmo ano, o professor de ciências o encarregou de desenvolver um projeto. Ele decidiu criar uma série complexa de modelos para demonstrar o efeito das alavancas, algo que exigia não só habilidade no desenho e na criação de modelos como também matemática aplicada. O trabalho dele recebeu o prêmio de primeiro lugar na feira de ciências da escola e foi inscrito na competição municipal, ficando em terceiro lugar em toda a cidade de Cincinnati.

Aquilo foi o suficiente. Lá estava aquele garoto que tinha repetido de ano duas vezes, que diziam ter "danos cerebrais", que era chamado de "Frankenstein" pelos colegas de turma e que ouvia que os miolos tinham saído pelo corte na cabeça. De repente, ele descobriu que era capaz de aprender e realizar coisas. O resultado? A partir do último bimestre do oitavo ano até o fim do ensino médio, ele nunca deixou de estar entre os melhores da turma. No ensino médio, foi eleito para a sociedade nacional que reúne os melhores alunos do país. Assim que descobriu que aprender era fácil, sua vida se transformou.

Diga à pessoa que você tem certeza de que ela pode atingir o objetivo e incentive-a destacando todas as habilidades que ela tem e que a ajudarão ao longo do caminho. Ela praticará até alcançar a excelência.

Lembre-se: as habilidades murcham diante da crítica e desabrocham à luz do encorajamento. Estimule o aprimoramento das pessoas e você maximizará o talento delas.

7

Dê aos outros uma boa reputação a manter

Benjamin Zander estava cansado de ver seus alunos no conservatório, ansiosos pela nota de sua disciplina, adotarem uma postura cautelosa em relação à sua educação musical. Nos níveis mais altos no mundo das artes, o processo de desenvolvimento pode ser definido como uma competição ferrenha. Ele considerou simplesmente parar de dar notas, mas essa decisão traria muitos desafios, sem contar que Zander precisaria obter a aprovação do diretor da escola para fazer uma mudança tão radical.

Em vez disso, então, ele decidiu dar nota máxima para todos os alunos já no primeiro dia de aula.

Ao conhecer seus novos e nervosos alunos, ele dizia: "Todos os alunos desta turma vão tirar nota 10, mas para isso vão ter que cumprir um requisito: em algum momento nas duas próximas semanas vocês deverão me escrever uma carta com data do fim das aulas contando, em todos os detalhes, a história de vocês até lá. Precisa ser uma história compatível com essa nota extraordinária."

Zander instruiu seus alunos a pensarem em si mesmos no futuro, recapitulando tudo o que tinham feito para merecer nota máxima. Na carta, deveriam falar sobre suas ideias, conquistas e até competições vencidas. Mas Zander queria mais do que uma análise superficial. "Estou especialmente interessado na pessoa em que cada um de vocês terá se transformado. Estou interessado na atitude, nos sentimentos, na visão de mundo da pessoa que terá feito tudo o que quis e se tornado tudo o que queria ser."[1]

E o que ele recebeu de volta dos alunos? Leia a seguinte carta de um jovem trombonista:

Caro Sr. Z:

Hoje sou conhecido no mundo inteiro. Aquele impulso de energia e emoção intensa que o senhor viu reprimido e adormecido dentro de mim, e que até então eu não era capaz de demonstrar nem no desempenho musical nem numa conversa, foi liberado esta noite num programa de músicas novas compostas por mim. Quando o concerto terminou, ninguém se mexeu. Após um silêncio poderoso, houve suspiros e, por fim, uma explosão de aplausos que abafou as batidas do meu coração.

Talvez eu tenha me curvado para agradecer – não consigo me lembrar. As palmas se prolongaram tanto que eu pensei que deveria completar minha estreia e comemorar o fato de estar despido

da máscara e da pele
que eu construí
para me ocultar
improvisando minha própria melodia como um
bis – solo. O que aconteceu em seguida foi
uma espécie de borrão. Esqueci técnica,
pretensão, tradição, aprendizado, história –
na verdade, até a plateia.
O que veio do meu trombone,
acredito piamente, foi minha própria
voz.
Risada, sorrisos,
uma carranca, choro,
o espírito de Tucker
cantou.

–Tucker Dulin

Ao longo dos 10 meses de curso, Zander viu seus alunos se transformarem de maneiras espantosas. Ele chama essa abordagem de "dar um 10". Em *A arte da possibilidade*, escrito em coautoria com sua mulher, Rosamund Stone Zander, ele diz o seguinte quanto ao potencial desse método para estimular a excelência:

> Você pode dar um 10 a qualquer pessoa em qualquer situação – a uma garçonete, a seu chefe, a sua sogra, aos membros da equipe adversária e aos outros motoristas no trânsito. Ao dar um 10, você fala com as pessoas não de uma posição em que as avalia baseado em seus padrões, mas de um lugar de respeito que dá a elas espaço para se realizarem [...] Esse 10 não é uma expectativa a se confirmar, mas uma possibilidade à qual corresponder.[2]

Que perspectiva mágica para se adotar num mundo que se mostra cético com tanta frequência!

Coaches, mentores, chefes e pais frequentemente percebem que as pessoas acabam correspondendo a nossas expectativas em relação a elas, por mais degradantes que sejam. Alguém que se sente insignificante ou desrespeitado terá pouca motivação para melhorar. Então por que não criar uma visão dessa pessoa que incorpore tudo aquilo que você sabe – e também o que não sabe – que ela é capaz de alcançar? Dificilmente você se decepcionará.

A mãe de Paige Ann Michelle McCabe descreveu a própria aventura ao criar a reputação de "menina crescida" para a filha:

> Paige Ann Michelle McCabe, de 4 anos, estava sentada num banquinho da nossa cozinha quando me ouviu dizer a seu irmão de 6 anos, Brandon, que agora era responsabilidade dele pôr a mesa do jantar toda noite. Paige parecia esperançosa e prestes a chorar. "E eu sou grande para fazer o quê, mãe? O que eu posso fazer porque também sou grande?" Não querendo partir o coraçãozinho ou desinflar o ego da minha filha, procurei rapidamente algo que pudesse ser responsabilidade dela.
>
> Tive uma ideia na hora. "Paige Ann Michelle", anunciei, em tom triunfante, "agora que você tem 4 anos, já tem idade para fazer as

próprias escolhas. Por isso você ficará responsável por escolher suas roupas para o dia seguinte. Toda noite, antes do banho, você vai tirar as roupas da sua gaveta e pôr na cama, prontas para usar na manhã seguinte quando acordar."

A casa ficou um rebuliço. Brandon andava de um lado para outro pondo a mesa e Paige correu para o quarto. Em seguida, ouvi gavetas e armários sendo abertos e fechados rapidamente. Uns 10 segundos depois, ela correu até mim para contar que havia feito tudo certo. "Olha, mãe, eu já fiz, já tirei as roupas! Vem ver, vem ver!" Claro que as roupas estavam em cima da cama, prontas para serem usadas. Falei que estava muito orgulhosa, agora que ela estava crescendo e que tinha uma tarefa a cumprir. Minha filha ficou radiante.

Na manhã seguinte aconteceu um milagre na casa dos McCabes.

Em geral, eu tinha que ficar em cima de Paige para fazê-la sair da cama mal-humorada e, com muita dificuldade, obrigá-la a se vestir. Se eu escolhia uma saia azul, ela queria calças vermelhas. Se escolhia uma blusa branca com estampa de borboletas, ela queria uma blusa roxa com estampa de flores. Finalmente, quando eu desistia e a deixava escolher, ela demorava uma eternidade. Resultado: Paige continuava mal-humorada e eu ficava frustrada.

Não naquela manhã. "Olhe o que eu estou vestindo, mãe!", exclamou Paige. Ela havia se vestido antes de eu pedir! Orgulhosa, dei um beijo nela e disse que estava feliz com sua escolha. Era manhã, e Paige Ann Michelle McCabe estava feliz. Que diferença fez aquela mudança!

Paige Ann Michelle McCabe correspondeu à boa reputação que sua mãe tinha lhe dado, de menina crescida de 4 anos.

Para mudar o comportamento de um indivíduo, mude o grau de respeito que ele recebe. Para isso, dê a ele uma boa reputação à qual deverá corresponder. Aja como se o comportamento que você está tentando influenciar já fosse uma das características marcantes dessa pessoa.

8

Use um ponto em comum para manter a conexão

Os funcionários de uma fábrica estavam em greve havia seis meses quando finalmente chegaram a um acordo sobre o novo contrato de trabalho. Apesar disso, os termos ainda estavam aquém do que eles tinham reivindicado originalmente. Assim, quando voltaram, havia tensões de ambos os lados. O ambiente de trabalho era carregado. Como poderiam superar a animosidade e seguir em frente?

Em *Crucial Conversations* (Conversas cruciais), Kerry Patterson, Joseph Grenny, Ron McMillan e Al Switzer descrevem como trabalharam com os dois grupos para construir uma ponte entre os lados. Instruíram cada parte a considerar seus objetivos para a empresa e a escrevê-los numa folha de papel grande. Cada grupo passou duas horas discutindo os objetivos, depois escreveu e fixou o papel na parede da sala em que estavam. Em seguida, os coaches pediram aos grupos que trocassem de sala e cada um visse os objetivos do outro grupo buscando encontrar pelo menos algum ponto em comum.

O que você acha que aconteceu?

Quando os dois grupos voltaram para a sala de reunião, estavam atônitos. Seus objetivos eram quase idênticos: "uma empresa lucrativa, empregos estáveis e bem-remunerados, produtos de alta qualidade e um impacto positivo na comunidade".[1]

Embora não apagasse o passado, essa revelação deu a cada lado uma nova perspectiva sobre o outro. Eles aprenderam sobre o outro algo que facilitaria alcançar resultados mais positivos no futuro.

Por que é tão importante ter um ponto em comum? Para exercer uma influência eficaz na atitude ou no comportamento de uma pessoa, um líder precisa superar toda resistência possível, deixando-a feliz em fazer o que lhe está sendo pedido. Não se trata de manipulação ou controle da mente. Se considerar quais são os objetivos da pessoa e tentar descobrir como ligar seus próprios objetivos aos dela, você criará uma situação ganha-ganha, que deixará todos satisfeitos.

Nos dias de hoje é incrivelmente fácil encontrar um ponto de conexão. Basta nos dedicarmos. Quando você faz uma entrevista ou liga para uma empresa para tentar vender seu produto, não gasta um tempo pesquisando a companhia, descobrindo sua visão, seus objetivos, seus valores? Muitas empresas divulgam todas essas informações em destaque no próprio site. E outras vão além: postam em seus sites e redes sociais a biografia de funcionários, *press releases* e informações atualizadas a respeito de suas atividades.

Apesar de ser igualmente fácil, em geral não utilizamos essa tática com as pessoas que fazem parte da nossa vida mas estão bem diante de nós. Pergunte o que fizeram no fim de semana, o que planejam para as férias ou quais livros leram recentemente e você descobrirá algo fascinante e revelador sobre os objetivos e sonhos delas. Isso é ainda mais fácil se essas pessoas fizerem parte das suas redes sociais.

A teoria dos seis graus de separação é um interessante fenômeno da cultura pop e ao mesmo tempo, é um modo incrível de pensar naqueles que você deseja influenciar. Quando você expande a relação e passa a incluir interesses, experiências e objetivos em comum, fica apenas um grau afastado de qualquer pessoa. Para influenciar, para garantir que as pessoas fiquem felizes fazendo o que gostaríamos que fizessem, só precisamos descobrir qual é esse grau que nos conecta.

Uma aluna no Dale Carnegie Training Institute na Alemanha descobriu que o caminho direto de simplesmente escrever para as pessoas sobre as quais queria saber mais – para descobrir esse grau de conexão – produz resultados maravilhosos.

Como eu era muito tímida, decidi escrever e-mails para as pessoas por quem tinha interesse. Pesquisei e descobri os endereços de famosos e conhecidos e comecei a lhes fazer perguntas sobre suas origens – como tinham começado na carreira, o que consideravam importante, esse tipo de coisa.

Duas semanas depois recebi uma carta com duas páginas do presidente da Alemanha, Johannes Rau, respondendo às minhas perguntas. Seis semanas depois recebi outra carta. Era um envelope grande. Dentro dele havia um livro que responderia às minhas perguntas. Quem me enviou foi Sua Santidade o Dalai Lama.

O que ela aprendeu? Que, se você se esforçar, as pessoas – todas elas, até as que parecem inacessíveis – lhe contarão suas histórias, suas motivações e seus objetivos.

Certa noite, Dana White, presidente da organização de luta Ultimate Fighting Championship (UFC), acidentalmente tuitou o número de seu telefone para mais de 1 milhão de fãs, que o retuitaram para inúmeras outras pessoas. Minutos depois, os fãs começaram a ligar. Um líder menos focado em deixar seus clientes felizes teria contratado a companhia telefônica e mudado de número imediatamente. Não foi o que Dana White fez.

Durante mais de uma hora e meia ele atendeu às ligações e conversou com os fãs. Eles adoraram.

Foi um erro que deu certo, e Dana White aprendeu muito com isso. Aprendeu o valor de conversar com os fãs, e a empresa de RP que ajuda a gerenciar a presença on-line da UFC descobriu que tinha uma nova oportunidade para "proporcionar valor para os fãs quando, onde e como quisessem recebê-lo".[2]

Hoje Dana White mantém uma linha telefônica só para atender às ligações de fãs. O número é divulgado em todas as redes sociais. Quando tem tempo, Dana avisa que está disponível para falar, e o telefone começa a tocar.

Os 90 minutos que ele passou acidentalmente ao telefone com fãs da UFC do mundo inteiro não foram um truque nem uma armação, e isso foi fundamental para que o MMA se tornasse o esporte que mais cresce no mundo, segundo Greg Ferenstein, do portal *Mashable*.[3] White se apaixonou de cara pela ideia de se conectar com os fãs pelas redes sociais e recorreu ao apoio deles quando os grandes meios de comunicação se recusaram a cobrir os eventos da UFC. Quando contratou a Digital Royalty para aumentar a presença on-line da UFC e treinar os lutadores em técnicas de redes sociais, White disse: "Quero que vocês tuítem até os dedos cansarem!" Qual o segredo de seu sucesso na conexão com os fãs? Ele é brutalmente honesto e franco. Para demonstrar a um colega o poder dessa conexão, certa vez White saiu de um restaurante e foi até um posto de gasolina próximo, às 23h30. Tuitou onde estava. Em três minutos havia cerca de 100 fãs no local.

Analisando os esforços de Dana White, Greg Ferenstein escreveu: "As redes sociais permitem que os fãs subvertam canais tradicionais e expressem suas opiniões diretamente, por isso transparência, alcance e abertura são mais importantes do que nunca. White quer os fãs do UFC no meio do caminho, renunciando a uma encenação falsa em favor de uma conexão autêntica com eles."

Embora as redes sociais sejam uma excelente ferramenta para descobrir o que move as pessoas, são apenas isso, uma ferramenta. O que líderes precisam estimular dentro de si mesmos é um desejo autêntico de descobrir qual é a resposta e depois agir com base nessa informação. E é esse desejo que muitos executivos fracassados menosprezam, consciente ou inconscientemente. Sobre esse desejo menosprezado por muitos executivos poderosos, o autor de *Derailed* (Fora dos trilhos), Tim Irwin, conclui:

> Assim como a humildade parece estar no epicentro da eficácia na liderança, a arrogância costuma estar na raiz da desgraça de um líder... e da nossa também. [...] A arrogância assume muitas formas. A mais rudimentar delas é o foco autocentrado que leva a acreditar que "eu sou fundamental para o funcionamento da organização, do departamento ou da equipe". Com isso, automaticamente todas as contribuições de outros indivíduos se tornam descartáveis. Quando a arrogância floresce e se transforma em insolência, nasce um sentimento de soberba: "Este lugar não pode funcionar sem mim, e eu mereço benefícios especiais." Líderes arrogantes também parecem renegar o feedback, que é tão benéfico para qualquer líder. Eles se tornam carentes da verdade.[4]

Já Yvon Chouinard, cofundador (com sua mulher, Malinda) da firma Patagonia e autor de *Lições de um empresário rebelde*, tem uma abordagem diferente. Yvon tem orgulho de a Patagonia contratar pessoas extremamente independentes – que "seriam consideradas inviáveis numa empresa típica", como lhe disseram consultores organizacionais. Ao mesmo tempo que ele se mostra satisfeito com seus funcionários de mentalidade independente, eles lhe trazem um desafio gerencial: como construir uma unidade colaborativa toda focada nos mesmos objetivos.

Uma das ferramentas que ele utiliza é o design dos escritórios. "Ninguém tem escritório privado em nossa companhia; todos trabalham em salas abertas sem portas ou divisórias (inclusive Yvon e Malinda). O que perdemos em 'espaço tranquilo para pensar' é mais do que compensado por uma melhor comunicação e uma atmosfera igualitária."[5]

Agora veja o caso da empresa fictícia descrita no livro de Matthew Kelly, *O administrador de sonhos*. A rotatividade de pessoal é alta e custosa, e isso não é surpresa para uma companhia com muitos empregados temporários. O que fazer? Primeiro, descobrir qual é seu maior problema. A empresa supõe que a maior causa da rotatividade seja o salário, mas, ao fazer uma pesquisa com os funcionários, descobre que o maior problema é o transporte. Muitos utilizam transporte público, que é esporádico e, à noite, até perigoso.

O que os gestores fazem? Eles fornecem um serviço de translado. Isso sai caro, mas o que economizam em custos de rotatividade mais do que compensa o valor do transporte. Os funcionários passam a ficar na empresa o dobro do tempo, o número de faltas por licença médica cai e o moral aumenta.

Mesmo assim, os gestores sabem que podem fazer mais. O que realmente faz as pessoas irem embora?, perguntam-se. Os funcionários acham que não têm chance de crescer no emprego e não vão realizar seus sonhos, e isso não é segredo para ninguém. Os gestores sabem que não podem corrigir isso, mas, pelo menos, podem encontrar caminhos para ajudar os empregados a chegarem mais perto de seus sonhos trabalhando para a empresa. Assim, perguntam a eles: "Quais são os seus sonhos?" Surpreendentemente (ou talvez não), os empregados respondem. Agora a companhia detém uma informação poderosa e a usa para ajudá-los a realizar seus sonhos. Um deles queria aprender espanhol; outro, que falava espanhol, queria ensinar. A empresa conecta os dois.

Sim, é uma história fictícia, mas o exemplo que ela dá parece exagerado? Por que não saber os sonhos dos nossos colegas, companheiros de trabalho, amigos e familiares? Essa informação pode ser bastante poderosa, um fator decisivo para você e os que estão em sua esfera de influência se manterem no caminho para alcançar o que desejam.

Você sabe o que motiva as pessoas à sua volta? Existem maneiras simples de descobrir. E, quando você tiver as informações, será bastante simples conectar os resultados que você almeja com os objetivos delas.

1. Seja sincero. Não prometa nada que não possa cumprir.
2. Tenha empatia. Pergunte a você mesmo o que o outro realmente deseja.
3. Considere os benefícios que a pessoa terá ao fazer o que você sugere.
4. Associe esses benefícios ao que ela deseja.
5. Ao fazer seu pedido, fale de uma forma que transmita à pessoa a ideia de que ela vai se beneficiar pessoalmente.

Quanto mais você souber sobre os outros e quanto mais eles souberem sobre você, mais fácil será encontrar um ponto em comum que sirva de base para a criatividade e as parcerias futuras. Manter-se conectado com clientes no mundo virtual é manter muitos executivos acordados à noite, diz Richard Branson, o magnata do Virgin Group recentemente eleito a Pessoa Mais Influente do Mundo Empresarial Britânico.

> O modo como as empresas se adaptam a este mundo veloz e às vezes caótico definirá seu sucesso futuro. O site, a página do Facebook, o blog e o Twitter não são mais meros adicionais aos orçamentos de comunicação nos negócios: eles devem ser centrais na estratégia de marketing e usados de forma coordenada com outros esforços de marketing.[6]

A chave, diz Branson, é não padronizar suas redes sociais para que funcionem como uma mera ferramenta para fazer negócios; em vez disso, amplie-as e use-as também para manter uma comunicação contínua. Vivemos num mundo conectado, em que a ideia de empresas e clientes se comunicarem de forma instantânea e constante não é uma exceção, é o esperado. Segundo Branson,

> a ascensão das redes sociais trouxe desafios empolgantes e nos fez questionar nossos métodos usuais de fazer negócios. [...] Para serem bem-sucedidos, esses esforços precisam ser apoiados desde o mais alto escalão. David Cush, CEO da Virgin America, retirou a gestão dos canais das redes sociais da hierarquia clássica da organização. Sua equipe de redes sociais é composta de jovens que receberam orientações gerais e depois foram deixados por conta própria.

Esses nativos digitais da Virgin usaram o Facebook e o Twitter como parte da estratégia de comunicação da companhia. Essa conexão digital aberta abriu uma oportunidade única de conexão que gerou uma campanha de marketing bem-sucedida.

Muitos abrigos de animais da Costa Oeste dos Estados Unidos estavam superlotados de chihuahuas, e algo tinha que ser feito para dar a esses cãezinhos uma chance melhor de achar bons lares adotivos. Foi quando a Sociedade Americana para Prevenção à Crueldade com Animais (ASPCA) resolveu intervir: contatou a Virgin America e perguntou à companhia aérea se poderia transportar vários cães de San Francisco para Nova York. A Virgin imediatamente concordou e até ofereceu membros da tripulação para acompanhar os pequenos passageiros.

A equipe digital da Virgin publicou a história em todos os canais de comunicação. "Viralizou", explica Branson. "Além disso, despertou o interesse da mídia tradicional – chamando atenção para a ASPCA e para os esforços da Virgin em ajudar. Então usamos a história como base para uma campanha muito bem-sucedida de venda de passagens on-line para o México."

Os papéis tradicionais da publicidade, do marketing e das relações com o cliente mudaram. Assim como o papel do líder. Hoje, o tempo e o espaço são virtuais, com acesso livre e comunicação frequente, e isso fez com que os princípios básicos da atividade corporativa ruíssem e fossem substituídos pelos princípios básicos das relações humanas. Se você não sabe como fazer amigos e influenciar pessoas de modo autêntico e positivo, não só terá dificuldade para acompanhar o ritmo num mercado comandado pelo consumidor como terá problemas para manter seu pessoal no emprego.

Já se foram os dias em que gestores podiam esnobar os relatórios trancafiados em seus escritórios nos últimos andares dos prédios, acessíveis apenas por elevadores privativos. Na verdade, esses dias nunca existiram para os líderes eficazes – nem em 1936 nem atualmente. Hoje, quando a conectividade em tempo integral é a regra, as consequências de uma liderança remota são mais palpáveis. A questão principal não é a proximidade física, mas a proximidade da relação.

Embora às vezes um indivíduo seja capaz de manter um relacionamento produtivo e progressivo sem grande presença física, nenhuma pessoa no mundo – sobretudo um líder – consegue manter uma influência cada vez maior sem uma relação próxima.

É verdade: agora o mundo está aberto para negócios, mas a primeira tarefa do líder continua sendo o negócio da humanidade. Os maiores empreendimentos são e sempre serão interdependentes e interativos. No fim, a arte de fazer amigos e influenciar pessoas na era digital se resume na atividade de se conectar e se manter conectado num ponto em comum.

Notas

POR QUE OS CONSELHOS DE CARNEGIE AINDA SÃO FUNDAMENTAIS

1. James Thurber. "Friends, Romans, Countrymen, Lend Me Your Earmuffs". *Lanterns and Lances*. Nova York: Harper & Brothers, 1961.
2. "Leading Thoughts: Quotes on Communication". *Leadership Now* (blog). www.leadership-now.com/communicationquotes.html.
3. Obrigado ao coach corporativo da Building Champions, Steve Scanlon, pela ideia de reformulação desse princípio de Carnegie. Suas ideias e serviços podem ser encontrados em: www.buildingchampions.com ou em www.realityandhope.com.
4. Jesus, ao admoestar os líderes religiosos hipócritas nas cidades da Galileia, como registrado em Mateus 12:34.
5. Antoine de Saint-Exupéry, escritor, poeta e aviador francês. A citação é atribuída a ele, mas a fonte exata permanece desconhecida.
6. William Shakespeare. *Macbeth*, ato 5, cena 5, linhas 19-28.
7. Luc de Clapiers, marquês de Vauvenargues. *Reflexões e máximas*. São Paulo: UNESP, 2007.
8. Dr. John Andrew Holmes. *Wisdom in Small Doses*. Lincoln: University Publishing Company, 1927.
9. Tom Butler-Bowdon. *50 clássicos de autoajuda*. Rio de Janeiro: Sextante, 2006.
10. "The 2010 TIME 100". *Time*, www.time.com/time/specials/packages/0,28757,1984685,00.html.
11. Lynn Hirschberg. "The Self-Manufacture of Megan Fox". *The New York Times Magazine*, 11 de novembro de 2009.

PARTE UM: OS FUNDAMENTOS DO ENGAJAMENTO

1. CUIDADO COM OS BUMERANGUES INVISÍVEIS

1. ThinkExist, http://thinkexist.com/quotes/adolf_hitler; http://thinkexist.com/quotes/martin_luther_king,_jr.
2. Lori Culbert. "Ex-Doctor Fined for Facebook Comments". *Vancouver Sun*, 20 de novembro de 2010.

3. "Liverpool's Ryan Babel Fined £10,000 for Twitter Post". *BBC*, 17 de janeiro de 2011. http://news.bbc.co.uk/sport2/hi/football/teams/l/liverpool/9363567.stm.
4. Ben Dirs. "How Twitter Changed the Rules". *BBC*, 17 de janeiro de 2011. www.bbc.co.uk/blogs/bendirs/2011/01/twitter_blog.html.
5. *Proofpoint*. www.proofpoint.com/outbound.
6. Catharine Smith e Craig Kanalley. "Fired over Facebook: 13 Posts That Got People CANNED". *Huffington Post*, 26 de julho de 2010. www.huffingtonpost.com/2010/07/26/fired-over-facebook-posts_n_659170.html#s115707&title=Swiss_Woman_Caught.
7. "Waitress Fired for Facebook Comment". *UPI*, 17 de maio de 2010. www.upi.com/Odd_News/2010/05/17/Waitress-fired-for-Facebook-comment/UPI-39861274136251.
8. Matthew J. Darnell. "Eagles Fire Employee for Calling Them 'Retarded' on Facebook". *Yahoo Sports*, 9 de março de 2009.
9. "Farm Boy Workers Fired After Chat Site Critiques". *Ottawa Citizen*, 18 de janeiro de 2007.
10. Baseball's Steroid Era. www.baseballssteroidera.com.
11. "Jesse Jackson Apologizes for Comments Critical of Obama". *Political Ticker* (blog). *CNN*, 9 de julho de 2008.
12. Jesus, no famoso Sermão da Montanha, Mateus 7:2.
13. Philip Yancey. *Alma sobrevivente*. Cajamar: Mundo Cristão, 2015.
14. "Books: Orthodoxologist". *Time*, 11 de outubro de 1943. www.time.com/time/magazine/article/0,9171,774701-3,00.html.
15. Gilbert Keith Chesterton. *Autobiografia*. Campinas: Ecclesiae, 2012.
16. "G. K. Chesterton". *Wikipedia*. http://en.wikipedia.org/wiki/G._K._Chesterton.

2. ELOGIE O QUE MERECE SER ELOGIADO

1. ThinkExist. http://thinkexist.com.
2. *O discurso do rei*. The Weinstein Company e UK Film Council, 2010.
3. Uma parábola famosa sobre Jesus, como descrita em Mateus 18:12-14 e Lucas 15:3-7.
4. Clifton Fadiman e André Bernard (orgs.). *Bartlett's Book of Anecdotes*. Nova York: Little, Brown, 2000, p. 13.
5. Rick Warren. *Liderança com propósitos*. São Paulo: Vida Livros, 2008.
6. Ralph Waldo Emerson. *A conduta da vida* (1860). VIII. Beleza. Campinas: Auster, 2019.
7. Citado por Ralph Waldo Emerson em seu ensaio "Goethe; or the Writer". *Representative Men* (University Press of the Pacific, 1º de agosto, 2001) e atribuído ao – ou inspirado pelo – poeta e dramaturgo alemão Johann Wolfgang von Goethe.
8. Ed Fuller. *You Can't Lead with Your Feet on the Desk*. Hoboken: Wiley, 2011, p. 45-46.
9. Numa entrevista com o escritor entre novembro de 2010 e janeiro de 2011.

3. CONECTE-SE COM DESEJOS ESSENCIAIS

1. Josh Quittner com reportagem de Rebecca Winters. "Apple's New Core". *Time*, 14 de janeiro de 2002.
2. Numa entrevista com o escritor em 14 de fevereiro de 2011.
3. Richard Norton Smith. "The Reagan Revelation: At 100, Why He Still Matters". *Time*, 7 de fevereiro de 2011. www.time.com/time/nation/article/0,8599,2044565,00.html.

4. Michael Scherer e Michael Duffy. "The Role Model". *Time*, 7 de fevereiro de 2011.
5. Richard Norton Smith. "The Reagan Revelation."
6. Harry Allen Overstreet. *Influencing Human Behavior*. Nova York: W. W. Norton, 1925.
7. Todd Duncan. *Killing the Sale*. Nashville: Nelson Business, 2004.
8. Theodore Zeldin. *Conversação*. Rio de Janeiro: Record, 2001.
9. Todd Duncan. *Killing the Sale*. As descrições foram levemente alteradas, com permissão.
10. David Shaner. *The Seven Arts of Change*. Nova York: Union Square Press, 2010.
11. Conforme contado por um ex-redator de discursos presidenciais que foi entrevistado para este livro.

PARTE DOIS: SEIS MANEIRAS DE CAUSAR UMA IMPRESSÃO DURADOURA

1. DEMONSTRE INTERESSE NOS INTERESSES DOS OUTROS

1. Inscrição no monumento a um cão Terra Nova: "A Memorial to Boatswain", por Lorde Byron, Newstead Abbey, 30 de novembro de 1808.
2. Mateus 23:12.
3. Um agradecimento especial a Steve Beecham e seu revigorante tratado sobre negócios (*Bass-Ackward Business*. Alpharetta: Home Town Marketing, 2009) por essa formulação em particular.
4. De uma conversa entre um ex-redator de discursos presidenciais e Andrew Sullivan.
5. Do site de Anne Rice: www.annerice.com.
6. *Ibid.*
7. Página de Anne Rice no Facebook: www.facebook.com/pages/Anne-Rice/112356685446315.
8. Beecham. *Bass-Ackward Business*.
9. *Ibid.*
10. Kris Ruby. "20 Best-Branded Women on Twitter". *Forbes*, 5 de agosto de 2010.
11. Amy Jo Martin. "Give NASCAR a Chance". *Digital Royalty* (blog), 25 de fevereiro de 2011. www.amyjomartin.com/2011/give-nascar-a-chance.

2. SORRIA

1. "Could Moon Landings Have Been Faked? Some Think So". *CNN*, 17 de julho de 2009. http://edition.cnn.com/2009/TECH/space/07/17/moon.landing.hoax.
2. "Landing a Man on the Moon: The Public's View". *Gallup*, 20 de julho de 1999. www.gallup.com/poll/3712/landing-man-moon-publics-view.aspx.
3. Thomas Hargrove. "Third of Americans Suspect 9-11 Government Conspiracy". *Scripps Howard News Service*, 1º de agosto de 2006.
4. "Social Values, Science, and Technology". Comissão Europeia, junho de 2005.
5. "Teeth Whitening". American Academy of Cosmetic Dentistry.
6. "Charlie Bit My Finger–Again!". *YouTube*. www.youtube.com/watch?v=_OBlgSz8sSM.
7. "Hahaha". *YouTube*.
8. "The Truth Behind the Smile and Other Myths: When Body Language Lies". *Working Knowledge for Business Leaders* (blog). Harvard Business School, 30 de setembro de 2002. http://hbswk.hbs.edu/archive/3123.html.

9. Nicholas A. Christakis e James H. Fowler. "Social Networks and Happiness". *Edge*, 2008. www.edge.org/3rd_culture/christakis_fowler08/christakis_fowler08_index.html.
10. *Ibid.*
11. "How Many Emails Are Sent Every Day?". *About.com*. http://email.about.com/od/emailtrivia/f/emails_per_day.htm.
12. Kit Eaton. "New Twitter Research: Happy Tweeting Could Win Business". *Fast Company*, 16 de março de 2011. www.fastcompany.com/1739325/attention-corporate-tweeters-be-happy-when-twitteringit-could-win-business.
13. Rosalind Picard. *Affective Computing*. Cambridge: MIT Press, 2000.
14. Chris Brogan. "Emotions at a Distance", 3 de janeiro de 2010. www.chrisbrogan.com/emotions-at-a-distance.
15. *Wisdom Commons*. www.wisdomcommons.org/wisbits/1274-a-smile-costs-nothing-but-gives.

3. GRAVE OS NOMES

1. Rene Lynch. "O Pioneer!". *Los Angeles Times*, 2 de setembro de 2009. www.latimes.com/features/food/la-fo-pioneer23-2009sep23,0,623229.story.
2. "How Much Do Bloggers Make? Case Study: Ree Drummond AKA The Pioneer Woman". *ABDPBT*.
3. Saddleback Leather. www.saddlebackleather.com.
4. De uma entrevista com Dave Munson em 18 de abril de 2011.
5. Saddleback Leather. www.saddlebackleather.com.
6. Ralph Waldo Emerson. *Letters and Social Aims*. Boston: James R. Osgood, 1876.
7. Nagesh Belludi. "The Art of Remembering Names". *Right Attitudes and Ideas for Impact*. www.rightattitudes.com/2007/12/11/the_art_of_remembering_names.
8. Nicholas Carr. "The Web Shatters Focus, Rewires Brains". *Wired*, 24 de maio de 2010.
9. Roger Ebert. "The Quest for Frisson". *Chicago Sun-Times*, 29 de maio de 2010.
10. Informação fornecida com a permissão do Dr. Howard Fine e de J. D. Kuo, paciente de tumor cerebral sob seus cuidados.

4. OUÇA MAIS

1. "Story". *Dave Carroll Music*. www.davecarrollmusic.com/ubg/story.
2. *Ibid.*
3. Chris Ayres. "Revenge Is Best Served Cold–on YouTube". *Times* (Londres), 22 de julho de 2009. www.timesonline.co.uk/tol/comment/columnists/chris_ayres/article6722407.ece.
4. "Campaigns No Longer Matter: The Importance of Listening". *Social Media Today*.
5. *Ibid.*
6. Clifton Fadiman e André Bernard (orgs.). *Bartlett's Book of Anecdotes*. Nova York: Little, Brown, 2000, p. 139.
7. Reeditado a partir do manuscrito original de *Como fazer amigos e influenciar pessoas*.
8. Shankar Vedantam. "Social Isolation Growing in U.S., Study Says". *Washington Post*, 23 de junho de 2006. www.washingtonpost.com/wp-dyn/content/article/2006/06/22/AR2006062201763.html.

9. *Ibid.*
10. Jim Elliot e Elisabeth Elliot. *The Journals of Jim Elliot*. Old Tappan: Revell, 1978.
11. De uma entrevista com o autor. Embora os fatos da história sejam exatos, a pessoa pediu para permanecer no anonimato por motivos pessoais.
12. A United ofereceu a Carroll um ressarcimento atrasado de 3 mil dólares. Caroll pediu que a empresa doasse o valor a uma instituição de caridade que fazia trabalho com música.

5. FALE SOBRE O QUE INTERESSA AOS OUTROS

1. Clifton Fadiman e André Bernard (orgs.). *Bartlett's Book of Anecdotes*. Nova York: Little, Brown, 2000, p. 489.
2. *Ibid.*, p. 525.
3. Agradeço à blogueira Valeria Maltoni sua referência ao weblog de Doc Searls de 21 de março de 2005, que pode ser acessado em: http://doc-weblogs.com/2005/03/21#becauseCustomerRelationshipManagementIsAboutManagementMoreThanCustomers.
4. Valeria Maltoni. "Everyone Is Wrong About Influence". *Conversation Agent* (blog), 7 de julho de 2010. www.conversationagent.com/2010/07/everyone-is-wrong-about-influence.html.
5. Numa entrevista com o escritor em janeiro de 2011.
6. Mitch Joel. "Making Sense of the Mess". *Six Pixels of Separation* (blog), 8 de março de 2011. www.twistimage.com/blog/archives/making-sense-of-the-mess.
7. Conforme contado a um ex-redator de discursos presidenciais entrevistado para este livro.
8. Chris Gourlay. "OMG: Brains Can't Handle All Our Facebook Friends". *Times* (Londres), 24 de janeiro de 2010. http://technology.timesonline.co.uk/tol/news/tech_and_web/the_web/article6999879.ece.
9. Mitch Joel. "Making Sense of the Mess".

6. FAÇA O POSSÍVEL PARA DEIXAR AS PESSOAS MAIS FELIZES

1. Numa série de entrevistas com o escritor no decorrer de 2010 e 2011. Os serviços e as ideias de Steve Scanlon podem ser encontrados em: www.buildingchampions.com e em www.realityandhope.com.
2. Caroline Wyatt. "Fans Hail Mona Lisa's New Setting". *BBC*, 6 de abril de 2005. http://news.bbc.co.uk/2/hi/europe/4418425.stm.
3. Numa entrevista com o autor em 28 de dezembro, 2010.
4. David Brooks. "High-Five Nation". *The New York Times*, 15 de setembro de 2009. www.nytimes.com/2009/09/15/opinion/15brooks.html?_r=2&ref=opinion.
5. *Ibid.*
6. Jesus, no famoso Sermão da Montanha, Mateus 7:12.
7. Richard Norton Smith. "Reagan Revelation: At 100, Why He Still Matters". *Time*, 6 de fevereiro de 2011. www.time.com/time/nation/article/0,8599,2044565,00.html.

PARTE TRÊS: COMO MERECER E MANTER A CONFIANÇA DAS PESSOAS

1. EVITE DISCUSSÕES

1. Nancy Gibbs e Michael Duffy. *The Preacher and the Presidents*. Nova York: Center Street, 2007, p. 46-48.
2. "Embattled BP Chief: I Want My Life Back". *Times* [on-line], 31 de maio de 2010. http://business.timesonline.co.uk/tol/business/industry_sectors/natural_resources/article7141137.ece.
3. Liz Robbins. "BP Chief Draws Outrage for Attending Yacht Race". *The New York Times*, 19 de junho de 2010.
4. "Lula, In His Own Words". *Time*, 19 de setembro de 2008. www.time.com/time/world/article/0,8599,1842949,00.html.
5. "Times Topics: Luiz Inácio Lula da Silva". *The New York Times*, 3 de janeiro de 2011. http://topics.nytimes.com/top/reference/timestopics/people/d/luiz_inacio_lula_da_silva/index.html.
6. Numa entrevista com a autora em 25 de março de 2011. As ideias e os serviços de Esther Jeles podem ser encontrados em: www.ayletinc.com.

2. NUNCA DIGA "VOCÊ ESTÁ ERRADO"

1. Deepak Malhotra. "Mistaking Mistrust for Greed: How to Solve the NFL Dispute". *Forbes*, 14 de março de 2011. www.forbes.com/2011/03/14/nfl-nhl-contracts-opinions-contributors-deepak-malhotra.html.
2. *Wisdom Commons*. www.wisdomcommons.org/virtue/56-friendliness/quotes.
3. Numa entrevista com a autora em 25 de março de 2011. As ideias e os serviços de Esther Jeles podem ser encontrados em: www.ayletinc.com.
4. Francis Collins. "Has the Revolution Arrived?". *Nature*, nº 464, p. 674-675, 1º de abril de 2010. www.nature.com/nature/journal/v464/n7289/full/ 464674a.html.
5. J. Madeleine Nash. "Francis Collins: DNA Helmsman". *Time*, 25 de dezembro de 2000. www.time.com/time/magazine/article/0,9171,998873,00.html.

3. ADMITA OS ERROS COM RAPIDEZ E ENTUSIASMO

1. "Medical Aspects of Lightning". *Serviço Nacional de Meteorologia*.
2. Mike Sunnucks. "PR Experts: Tiger Woods Could Lose Endorsements, Needs to Show Sincerity in Wake of Affairs". *Phoenix Business Journal*, 2 de dezembro de 2009.
3. *Ibid*.
4. Richard Norton Smith. "The Reagan Revelation: At 100 Why He Still Matters". *Time*, 7 de fevereiro de 2011. www.time.com/time/nation/article/0,8599,2044565,00.html.
5. Chris Harry. "Jim Joyce, Armando Galarraga Real Sportsmen of the Year". *AOL News*, 29 de dezembro de 2010.

4. COMECE DE UM JEITO AMIGÁVEL

1. John C. Maxwell. *As 21 irrefutáveis leis da liderança*. Rio de Janeiro: Thomas Nelson Brasil, 2013.

2. David Shaner. *The Seven Arts of Change*. Nova York: Union Square Press, 2010.
3. Sissela Bok. *Lying: Moral Choice in Public and Private Life*. Nova York: Pantheon, 1978, p. 26.
4. David Shaner. *The Seven Arts of Change*.
5. *Wisdom Commons*. www.wisdomcommons.org/wisbits/2448-i-don-t-like-that-man-i-must.
6. Gary Vaynerchuk. "Building a Business in the 'Thank You' Economy". *Entrepreneur*, 16 de março de 2011. www.entrepreneur.com/article/219296.
7. *Ibid.*
8. A frase é atribuída a São Basílio Magno.
9. Gary Vaynerchuk. "Building a Business."

5. DESCUBRA UMA AFINIDADE

1. John C. Maxwell. *As 21 irrefutáveis leis da liderança*. Rio de Janeiro: Thomas Nelson Brasil, 2013.
2. Josh Bernoff e Ted Schadler. *Empowered*. Boston: Harvard Business School Press, 2010, p. 95.
3. Chris Brogan. "The Snowfall of Communication", 4 de fevereiro de 2011. www.chrisbrogan.com/thesnowfall.

6. DÊ CRÉDITO

1. August Turak. "Giving Away Credit; Is It Worth It?". *Forbes.com*, 8 de novembro de 2010. http://blogs.forbes.com/augustturak/2010/11/08/giving-away-credit-is-it-worth-it.
2. Clifton Fadiman e André Bernard (orgs.). *Bartlett's Book of Anecdotes*. Nova York: Little, Brown, 2000, p. 545.
3. Richard Norton Smith. "The Reagan Revelation: At 100, Why He Still Matters". *Time*, 7 de fevereiro de 2011. www.time.com/time/nation/article/0,8599,2044565,00.html.

7. CATIVE COM EMPATIA

1. Gerald Nirenberg. *Getting through to People*. Engledwood Cliffs: Prentice Hall, 1963, p. 31.

8. APELE PARA MOTIVOS NOBRES

1. John Eldredge. *Coração selvagem*. Rio de Janeiro: Thomas Nelson Brasil, 2019.
2. Amy Jo Martin. "The Business of Humanity". *Digital Royalty* (blog). www.thedigitalroyalty.com/2011/the-business-of-humanity. Publicado com permissão.

9. COMPARTILHE SUA JORNADA

1. Jennifer Collins. "Making Cotton 'the Fabric of Our Lives'". *NPR*, 15 de novembro de 2010.
2. *Ibid.*
3. *Ibid.*

4. Bob Brown. "Apple, Google Top Fortune's Most Admired Companies Ranking". *Network World*, 3 de março de 2011.
5. "Buy One, Give One Free: TOMS Shoes". *Conversation Agent*. www.conversationagent.com/2011/03/buy-one-give-one-free-toms-shoes.html.
6. Amy Jo Martin. "Live Streaming. Ah, the Possibilities...". *Digital Royalty* (blog), 7 de março de 2011.

10. LANCE UM DESAFIO

1. Larry Bird e Earvin Johnson Jr. *When the Game Was Ours*. Boston: Houghton Mifflin Harcourt, 2009.
2. Provérbios 27:17.
3. Justin Levy. "Coca-Cola's Happiness Machine", 20 de janeiro de 2011. http://justinrlevy.com/2010/01/20/coca-colas-happiness-machine.
4. Peter Lewis. "AOL vs. Microsoft: Now It's War". *CNN Money*, 23 de julho de 2001. http://money.cnn.com/magazines/fortune/fortune_archive/2001/07/23/307401/index.htm.
5. Edmund Morris. *The Rise of Theodore Roosevelt*. Nova York: Random House, 2010, p. 32.
6. *Ibid.*
7. *Ibid.*
8. Tamara Audi. "Latest Prize in Celebrity Auctions Is a Tweet, Not a Meet-and-Greet". *Wall Street Journal*, 23 de setembro de 2010. http://online.wsj.com/article/SB1000142405274870386010457550758141630174 8.html?mod=wsj_share_twitter.
9. Amy Jo Martin. "TwitChange Takes Over Times Square". *Digital Royalty* (blog), 21 de janeiro de 2011.

PARTE QUATRO: COMO CONDUZIR A MUDANÇA SEM GERAR RESISTÊNCIA OU RESSENTIMENTO

1. COMECE COM UM TOM POSITIVO

1. Max DePree. *Leadership Is an Art*. Nova York: Doubleday Business, 1989.
2. Sanjiv Ekbote. "Dale Carnegie Lesson 1: Begin with Praise and Honest Appreciation". *BookClub*, 22 de agosto de 2005.
3. Ray B. Williams. "Why We Love Bad News". *PsychologyToday.com*, 30 de dezembro de 2010.
4. O estudo da formação de uma impressão é popular desde a década de 1950. O foco nos traços negativos já foi considerado mais forte do que é hoje, com base em estudos mais recentes, mas mesmo estes indicam que a percepção de comportamentos ou traços negativos afetam a formação de uma impressão mais do que os positivos.
5. J. Sidney Shrauger e Saul E. Rosenberg. "Self-Esteem and the Effects of Success and Failure Feedback on Performance". *Journal of Personality*, vol. 38, nº 3, 1970, p. 404-417.
6. Trent Lorcher. "Leadership Principles for Teachers". *Bright Hub*, 31 de maio de 2009. www.brighthub.com.
7. Robert Sutton. *Bom chefe, mau chefe*. Porto Alegre: Bookman, 2010.
8. Sidney Rosen e Abraham Tesser. "On Reluctance to Communicate Undesirable Information: The MUM Effect". *Sociometry*, vol. 33, nº 3, setembro de 1970.

9. Robert Sutton. "The Mum Effect and Filtering in Organizations: The 'Shoot the Messenger' Problem". *PsychologyToday.com*, 5 de junho de 2010.
10. Dale Carnegie e associados. *O líder em você*. Rio de Janeiro: BestSeller, 2010.

2. RECONHEÇA QUE NÃO É PERFEITO

1. Marshall Goldsmith. *What Got You Here Won't Get You There*. Nova York: Hyperion, 2007, p. 85-86.
2. "Leaders Who Admit Mistakes Can Quickly Advance Their Careers". *Institute for Health and Human Potential*, 21 de maio de 2010.
3. John Maxwell. *Failing Forward*. Nashville: Thomas Nelson, 2000, p. 52.
4. Portia Nelson. *There's a Hole in My Sidewalk*. Nova York: Atria Books, 1994.
5. Marshall Goldsmith. *What Got You Here*, p. 95.

3. APONTE OS ERROS SEM FAZER ALARDE

1. *Los Angeles Times*, 6 de agosto de 1982.
2. John C. Maxwell. *As 21 irrefutáveis leis da liderança*. Rio de Janeiro: Thomas Nelson Brasil, 2013.
3. Kerry Patterson, Joseph Grenny, David Maxfield, Ron McMillan e Al Switzler. *As leis da influência*. Rio de Janeiro: Elsevier, 2007.
4. *Ibid*, 221.

4. FAÇA PERGUNTAS EM VEZ DE DAR ORDENS DIRETAS

1. D. Michael Abrashoff. *Este barco também é seu*. São Paulo: Cultrix, 2015.
2. Ed Fuller. *You Can't Lead with Your Feet on the Desk: Building Relationships, Breaking Down Barriers, and Delivering Profits*. Hoboken: Wiley, 2011, p. 101.
3. Herbert H. Meyer. "Self-Appraisal of Job Performance". *Personnel Psychology*, nº 33, 2 de junho de 1980.

5. EVITE QUE O OUTRO PASSE VERGONHA OU CONSTRANGIMENTO

1. Clifton Fadiman e André Bernard (orgs.). *Bartlett's Book of Anecdotes*. Nova York: Little, Brown, 2000, p. 123.
2. Robert Sutton. *Bom chefe, mau chefe*. Porto Alegre: Bookman, 2010.
3. Fiona Lee. "The Fear Factor". *Harvard Business Review*, janeiro de 2001.
4. Brian O'Keefe. "Battle-Tested: from Soldier to Business Leader". *Fortune*, 8 de março de 2010.
5. Amy C. Edmondson. "Strategies for Learning from Failure". *Harvard Business Review*, abril de 2011.
6. Dale Carnegie e associados. *O líder em você*. Rio de Janeiro: BestSeller, 2010.

6. ESTIMULE O APRIMORAMENTO

1. "Chicago Hotel Combines Social Media and Employee Recognition". *PR Web*, 5 de agosto de 2010. www.prweb.com/releases/chicagohotel/socialmedia/prweb4347154.htm.
2. Gerald H. Graham. *Understanding Human Relations: the Individual, Organization, and Management*. Chicago: Science Research Associates, 1982.
3. Center for Management and Organization Effectiveness. "5 Ways to Give Praise: Small Efforts with a Huge Return". www.cmoe.com/blog/5-ways-to-give-praise-small-efforts-with-a-huge-return.htm.
4. D. Michael Abrashoff. *Este barco também é seu*. São Paulo: Cultrix, 2015.
5. Timothy Evans. "The Tools of Encouragement". *CYC-Online*, International Child and Youth Care Network, nº 73, fevereiro de 2005. www.cyc-net.org/cyc-online/cycol-0205-encouragement.html.
6. Jon Carlson, L. Sperry e D. Dinkmeyer. "Marriage Maintenance: How to Stay Healthy". *Topics in Family Counseling and Psychology*, nº 1, 1992, p. 84-90.

7. DÊ AOS OUTROS UMA BOA REPUTAÇÃO A MANTER

1. Rosamund Stone Zander e Benjamin Zander. *The Art of Possibility*. Nova York: Penguin, 2002, p. 27-28.
2. *Ibid.*, p. 26.

8. USE UM PONTO EM COMUM PARA MANTER A CONEXÃO

1. Kerry Patterson, Joseph Grenny, Ron McMillan e Al Switzer. *Crucial Conversations*. Nova York: McGraw-Hill, 2002, p. 73.
2. Amy Jo Martin. "Celebrity Shares Phone Number with 4.3+ Million Fans". *Digital Royalty* (blog), 30 de agosto de 2010. www.thedigitalroyalty.com/2010/celebrity-shares-phone-number-with-4-3-million-fans-2.
3. Greg Ferenstein. "How Dana White Built a UFC Empire with Social Media". *Mashable* (portal), 8 de junho de 2010. www.mashable.com/2010/06/08/dana-white-ufc-social-media.
4. Dr. Tim Irwin. "The Compass of a Leader", 21 de dezembro de 2009.
5. Yvon Chouinard. *Lições de um empresário rebelde*. São Paulo: WMF Martins Fontes, 2015.
6. Richard Branson. "Richard Branson on 'Social Relations'". *Entrepreneur*, 8 de fevereiro de 2011.

CONHEÇA ALGUNS DESTAQUES DE NOSSO CATÁLOGO

- Augusto Cury: Você é insubstituível (2,8 milhões de livros vendidos), Nunca desista de seus sonhos (2,7 milhões de livros vendidos) e O médico da emoção
- Dale Carnegie: Como fazer amigos e influenciar pessoas (16 milhões de livros vendidos) e Como evitar preocupações e começar a viver
- Brené Brown: A coragem de ser imperfeito – Como aceitar a própria vulnerabilidade e vencer a vergonha (600 mil livros vendidos)
- T. Harv Eker: Os segredos da mente milionária (2 milhões de livros vendidos)
- Gustavo Cerbasi: Casais inteligentes enriquecem juntos (1,2 milhão de livros vendidos) e Como organizar sua vida financeira
- Greg McKeown: Essencialismo – A disciplinada busca por menos (400 mil livros vendidos) e Sem esforço – Torne mais fácil o que é mais importante
- Haemin Sunim: As coisas que você só vê quando desacelera (450 mil livros vendidos) e Amor pelas coisas imperfeitas
- Ana Claudia Quintana Arantes: A morte é um dia que vale a pena viver (400 mil livros vendidos) e Pra vida toda valer a pena viver
- Ichiro Kishimi e Fumitake Koga: A coragem de não agradar – Como se libertar da opinião dos outros (200 mil livros vendidos)
- Simon Sinek: Comece pelo porquê (200 mil livros vendidos) e O jogo infinito
- Robert B. Cialdini: As armas da persuasão (350 mil livros vendidos)
- Eckhart Tolle: O poder do agora (1,2 milhão de livros vendidos)
- Edith Eva Eger: A bailarina de Auschwitz (600 mil livros vendidos)
- Cristina Núñez Pereira e Rafael R. Valcárcel: Emocionário – Um guia lúdico para lidar com as emoções (800 mil livros vendidos)
- Nizan Guanaes e Arthur Guerra: Você aguenta ser feliz? – Como cuidar da saúde mental e física para ter qualidade de vida
- Suhas Kshirsagar: Mude seus horários, mude sua vida – Como usar o relógio biológico para perder peso, reduzir o estresse e ter mais saúde e energia

CONHEÇA OS LIVROS DE DALE CARNEGIE

Como fazer amigos e influenciar pessoas

Como evitar preocupações e começar a viver

Como fazer amigos e influenciar pessoas na era digital

Como falar em público e encantar as pessoas

Como se tornar inesquecível

Como desfrutar sua vida e seu trabalho

As 5 habilidades essenciais dos relacionamentos

Liderança

Escute!

Venda!